Kollaborationen zwischen Kreativwirtschaft und Mittelstand

Bastian Lange • Florian Knetsch •
Daniel Riesenberg

Kollaborationen zwischen Kreativwirtschaft und Mittelstand

Erfolgsfaktoren, Methoden
und Instrumente

 Springer Gabler

Bastian Lange
Multiplicities
Berlin
Deutschland

Daniel Riesenberg
Berlin
Deutschland

Florian Knetsch
Berlin
Deutschland

ISBN 978-3-658-11854-9   ISBN 978-3-658-11855-6(eBook)
DOI 10.1007/978-3-658-11855-6

Die Deutsche Nationalbibliothek verzeichnet diese Publikation in der Deutschen Nationalbibliografie; detaillierte bibliografische Daten sind im Internet über http://dnb.d-nb.de abrufbar.

Springer Gabler
© Springer Fachmedien Wiesbaden 2016

Gedruckt auf säurefreiem und chlorfrei gebleichtem Papier

Springer Fachmedien Wiesbaden GmbH ist Teil der Fachverlagsgruppe Springer Science+Business Media (www.springer.com)

Vorwort

Eine Frage beschäftigt heute Wirtschaft, Wissenschaft und Politik gleichermaßen: Wie können in Zeiten komplexer gesellschaftlicher Herausforderungen bei steigendem internationalem Wettbewerb weiterhin innovative und nutzerorientierte Produkte entwickelt werden? Die Antwort auf diese Frage ist prinzipiell einfach: Durch Kooperation und Kollaboration werden bislang bestehende (Denk-)Grenzen überwunden, Technologien für neue Nutzungszusammenhänge geöffnet und neue Märkte geschaffen. Innovation wird ermöglicht durch Kooperation und Kollaboration zwischen Unternehmen und Nutzern, aber auch zwischen Unternehmen unterschiedlicher Branchen.

Schwieriger als die Antwort an sich ist die eigentliche Umsetzung, da hierfür neuartige Organisationsstrukturen in Unternehmen notwendig sind, Hemmschwellen überwunden werden müssen und manchmal auch eine eigene Sprache zur gemeinsamen Bearbeitung von Problemen gefunden werden muss.

Erste Anzeichen für diesen Wandel hin zu einer „kollaborativen Ökonomie" (Bauwens et al. 2012) gibt es bereits: Der Automobilkonzern BMW und das Gründerzentrum UnternehmerTUM an der Technischen Universität München holen beispielsweise mit der US-Firma TechShop eine Kette von Hightech-Werkstätten nach Deutschland, die sich als Innovationsraum für hybride Gemeinschaften von Kreativakteuren und Unternehmen verstehen. Hier entstehen verschiedene neuartige Formate der Zusammenarbeit, wie „FabLabs", „Makerspaces" oder Innovationswerkstätten. Sie transformieren neue Ideen beispielsweise in Prototypen und „rohe" Produkte, die für erste Markttests genügen.

Ähnliches zeigt sich zum Beispiel in Berlin, wo der große Orthopädie-
technik-Konzern Ottobock im Sommer 2015 im Szenebezirk Mitte einer
neu eingerichteten Entwicklungswerkstatt den Namen „Open Innovation
Space" gegeben hat. Der Konzern hat über vier Millionen Euro investiert,
um dort ein sogenanntes FabLab zu bauen, und wirbt mit dem Konzept und
Namen FutureLab, in dem Privatpersonen, Firmen, Bildungseinrichtungen
und der Konzern selbst zukünftig neuen Raum für Innovationen schaffen
wollen. Spätestens jetzt muss man nach den Gründen fragen!

Warum öffnen sogar Großkonzerne und auch Mittelständler ihre Ent-
wicklungslabore und fordern von den eigenen Mitarbeitern die Zusammenarbeit mit externen Akteuren? Was veranlasst sie dazu, mit Bürgern
Bildungseinrichtungen und Kreativen und anderen Ideentüftlern und Inno-
vatoren, neue Kooperationsverfahren auf den Weg zu bringen? Wenn selbst
Unternehmen wie die Deutsche Bank eine Allianz mit Microsoft eingehen,
um gemeinsam junge Programmierer in ein hippes Loft-Büro in Berlin-
Mitte mit dem Ziel zu locken, neue Geschäftsbereiche der Bank auszu-
testen, dann zeigt sich, dass Kooperationen einen neuen Stellenwert in der
Wirtschaft eingenommen haben.

Dabei zeigen Forschungsergebnisse der vergangenen Jahre (z. B. Prognos AG/Fraunhofer ISI 2012, CREATIVE.NRW 2011, NESTA 2008) dass
besonders Unternehmen der Kultur- und Kreativwirtschaft (KKW) in der
Lage sind, neuartige Denkweisen und Perspektiven einzunehmen, bestehende Nutzerbedürfnisse besonders gut erkennen und in Produkte und
Dienstleistungen umwandeln können. Unter Kultur- und Kreativwirtschaft
versteht man heute Unternehmen aus einem der elf Teilmärkte Software/
Games, Presse, Werbung, Rundfunk/Fernsehen, Musik, Buch, Kunst, Film,
Architektur, Design und darstellende Künste.

Die Zusammenarbeit von klassischen Unternehmen mit Akteuren aus der
Kreativwirtschaft kann somit besonders innovative und wettbewerbsfähi-
ge Produkte und Dienstleistungen hervorbringen. Bislang bestehen jedoch
zahlreiche Hürden, um derartige Innovationspartnerschaften über Branchen-
grenzen hinaus zu etablieren.

Es gibt also Handlungs- und Erneuerungsbedarf zur Weiterentwicklung
der deutschen Wirtschaft. Klar ist, dass die isolierte Ideen-Entwicklung
im hauseigenen Forschungs- und Entwicklungsbereich einer neuen Ära
weicht, die durch Kooperation und Kollaboration zwischen unterschied-

lichen Marktteilnehmern aus Gesellschaft, Wirtschaft und Verwaltung geprägt sein wird.

Fragestellung des Buchs

Mit dem vorliegenden Buch wollen wir eine Antwort auf die Frage finden, wie Unternehmen der Kreativwirtschaft mit Unternehmen aus dem klassischen Mittelstand in funktionierende Kooperationsstrukturen gebracht werden können, wie diese gewinnbringend zu organisieren und zu verbinden sind und wie sie positive Innovationseffekte für beide Seiten haben können.

Wir nehmen diese Zielstellung zum Anlass, die Schnittstelle zwischen den beteiligten Akteuren – mit der Kreativwirtschaft auf der einen und dem Mittelstand auf der anderen Seite – genauer zu analysieren und Methoden, Verfahren und Förderansätze vorzustellen, wie das Zusammenführen dieser beiden „Unternehmenswelten" im Rahmen eines sogenannten Matchings erfolgreich durchgeführt und intensiviert werden kann. Wie können getrennte Denk-, Arbeits- und Kulturwelten, die bislang in sicherer Distanz agiert haben, gewinnbringend miteinander kollaborieren?

Unsere Perspektive basiert auf der Grundannahme, dass die jeweils spezifischen Akteurskompetenzen der Kreativwirtschaft auf der einen und des Mittelstands auf der anderen Seite anerkannt werden müssen. Auf der Basis aktueller Forschungserkenntnisse, Projektevaluierungen und qualitativer Fallexplorationen zeigen wir, dass der private oder öffentliche Sektor neue Verbindungskanäle, Begegnungsformate sowie soziale und physische Räume aufbauen muss, die Innovationen zu relevanten Fragen und Herausforderungen liefern können.

Dazu braucht es sogenannte Vermittlungsexpertinnen und -experten (im Fachjargon *Boundary Spanners, Broker* oder auch *Facilitators* genannt), die methodisch versiert soziale und kommunikative Brücken zwischen beiden Seiten aufbauen können (Wellmann 2009).

Es braucht ebenso Verfahren wie Anreizsysteme, die durch neue Politiken, Programme und nicht zuletzt Personen vollzogen werden können, um bislang isoliert voneinander agierende Sektoren sowie ihre Akteure besser prozessorientiert zusammenarbeiten zu lassen.

Matching- und Partneringmodelle folgen aber keinem universell anwendbarem Rezeptwissen, das verspricht, divergente Sektoren einfach so „zusammenschnüren" zu können. Vielmehr lässt sich aus den hier vorgestellten Fallanalysen sowie den zahlreichen weiteren Beispielen auf europäischer Ebene ein Mix aus Verfahren und Instrumenten sowie Förderelementen ableiten, der bei regionaler Passfähigkeit erfolgsentscheidend sein kann.

Ignoriert man regionale und sektorale Besonderheiten, so läuft jede noch so gut gemeinte Förderpolitik ins Leere. Das Gleiche passiert, wenn die spezifischen Probleme einer Region oder der Unternehmen negiert werden, anstatt sie in den Fokus zu nehmen und Lösungen aus der Region und mit den Unternehmen zu entwickeln.

Handlungsdimensionen für Matching- und Partneringprozesse

In diesem Buch stellen wir drei zentrale Ansätze vor, die notwendig sind, um branchenübergreifende Kooperationsprozesse zwischen Akteuren aus der Kultur- und Kreativwirtschaft und klassischer Wirtschaft zu etablieren. In Kurzform sind dies:

1. Die Etablierung neuer Verbindungskanäle für cross-sektorale Matching- und Partneringprozesse. Diese brauchen Orte des Austauschs (z. B. Labs, Coworking Spaces, FabLabs, Factories u. a.) zwischen unterschiedlichen Partnern. Derartige Räume sowie die Zugänge dazu und die gewinnenden Prozesse in den Orten rücken stärker in den strategischen Mittelpunkt.
2. Außerdem muss das Vermittlungs-Know-how von Markt-, Produkt- und Prozesswissen zwischen unterschiedlichen Akteuren und Sektoren stärker in den Mittelpunkt rücken. Sogenannte *Boundary Spanners* und *Broker* sind in der Lage, als Übersetzer, Brückenbauer und Vermittler, aktiv an der Problemlösung mitzuarbeiten, schwarze Flecken zu identifizieren und zudem die Hemmschwelle der Zusammenarbeit zu vermindern. Für derartige neue Berufsbilder und Tätigkeitsfelder, das heißt für den Aufbau derartiger Beziehungspiloten, sollten neue Politik- und Ausbildungsangebote entwickelt werden.

3. Ferner plädieren wir dafür, zielgerichtet sogenannte Matchmaking-Formate neu zu entwickeln und einzusetzen. Zahlreiche verschiedene Formate existieren hierzu bereits: zum Beispiel szeneaffine Barcamps, Un-Konferenzen, Ad-hoc-Meetings, Workshops, Pressurecocker-Formate, FabLabs, Innovationswerkstätten für Prototyping und nicht zuletzt Designcamps, die über das Prototyping hinausgehen. Zukünftig sollte systematisch herausgearbeitet werden, welche Formate für welches Setting am geeignetsten erscheinen.

Derartige 1. Orte, 2. Broker und 3. Formate eröffnen in der Gesamtschau dieses Buchs Perspektiven für eine cross-sektorale Förderung der Kreativwirtschaft und des Mittelstands, die neue produktive Synergien zwischen unterschiedlichen Akteuren eröffnen.

Die Gliederung des Buchs

Das Buch definiert in Kap. 1 die Kultur- und Kreativwirtschaft und stellt strukturelle Merkmale dieser Branche vor. Kap. 2 erläutert aktuelle Innovationstrends im Feld der Kultur- und Kreativwirtschaft. Herausforderungen des Mittelstands skizziert Kap. 3. Die Analyse mehrerer Matchmaking- und Partneringprozesse stellt Kap. 4 vor und leitet daraus Erkenntnisse und Ergebnisse ab.

Im Verbund mit inspirierenden Beispielen europäischer Matching- und Partneringprozesse in Kap. 5 werden in Kap. 6 Ergebnisse kurz zusammengefasst. In Kap. 7 stellen wir Empfehlungen für die Verbesserung von Matching- und Partneringprozessen zwischen der Kultur- und Kreativwirtschaft und dem Mittelstand vor.

Literatur

Bauwens, M., Iacomella, F., Mendoza, N., et al. (2012). Synthetic overview of the collaborative economy. Orange labs und P2P foundation. http://p2p.coop/files/reports/collaborative-economy-2012.pdf. Zugegriffen: 1. Juli 2015.

Wellmann, I. (2009). Schnittstellenkulturen – Hybride Akteure, Patchworkökonomien, Intermediäre Institutionen. In B. Lange, A. Kalandides, et al. (Hrsg.), *Governance der Kreativwirtschaft. Diagnosen und Handlungsoptionen* (S. 183–198). Bielefeld: Transcript.

Danksagungen

Wir bedanken uns insbesondere bei den Unternehmen für die Schilderung von Erfahrungen und Eindrücken sowie Effekten derartiger Matching- und Partneringprozesse. Des Weiteren danken wir dem Bundesministerium für Wirtschaft und Energie (BMWi), Referat Kultur- und Kreativwirtschaft, und dem RKW Thüringen GmbH für die Bereitschaft, Matching- und Partneringprozesse durchzuführen sowie diese wissenschaftlich zu begleiten. Unser Dank gilt auch Josephine Hage, Nina Lakeberg, Dirk Kiefer und Steffen Bahnsen.

Berlin, Winter 2015   Bastian Lange
                                                       Florian Knetsch
                                                       Daniel Riesenberg

Inhaltsverzeichnis

Die Bedeutung der Kreativwirtschaft für branchenübergreifende Innovationskollaborationen

Wie kaum ein anderes Thema avancierte die Kultur- und Kreativwirtschaft in den vergangenen Jahren zum Hoffnungsträger für Städte und Regionen. Dieses wachsende, kleinteilige aber sehr heterogene Marktsegment wurde seit den 1990er-Jahren in Europa mit Erwartungen konfrontiert, kulturelle Profilbildungen, urbane Qualitäten und städtische Lebendigkeit im Verbund mit wirtschaftlichen Wachstumseffekten einzulösen.

Die Begeisterung hält an, über die ganze Republik verstreut finden Tagungen statt, die Anzahl von Fachbeiträgen wächst kontinuierlich und auch die Wirtschaftskrisen von 2008 bis 2012 hatten nur geringe Auswirkungen auf die Gesamtperformance des Branchensegments.

Seit 2012 hat sich die Debatte um Kultur- und Kreativwirtschaft erweitert, insbesondere weil man die Kultur- und Kreativwirtschaft als Innovationskatalysator und Motor für Matchmaking-Formate entdeckte. Wesentlicher Vordenker war die Initiative des damaligen dänischen Kulturministers Uffe Elbaeck während der dänischen EU-Ratspräsidentschaft im ersten Halbjahr 2012.

Seine Initiative positionierte Kultur- und Kreativwirtschaft neu – nicht mehr als elitäres „Sahnehäubchen" einer erfolgreichen postindustriellen Gesellschaft, sondern als ein mögliches Grund- und Schmiermittel zur Lösung von gesellschaftlichen Umbrüchen und Krisen, in denen sich Europa seit spätestens 2008 befindet.

Nach dem Grünbuch „Unlocking the potential of cultural and creative industries", (Europäische Kommission 2010) hat die EU-Kommission im September 2012 in der Mitteilung zur Kultur- und Kreativwirtschaft (Europäische Kommission 2012, S. 537) folgende Analyse veröffentlicht:

© Springer Fachmedien Wiesbaden 2016
B. Lange et al., *Kollaborationen zwischen Kreativwirtschaft und Mittelstand,* DOI 10.1007/978-3-658-11855-6_1

Die bereits entwickelten Strategien [für die Kultur- und Kreativwirtschaft, Anmerkung der Autoren] konzentrieren sich jedoch vor allem auf die Stärkung der Kultur- und Kreativwirtschaft, jedoch noch nicht auf die Förderung von Partnerschaften und die Nutzung von Spillover-Effekten mit anderen Branchen.

Die EU-Kommission fordert daher die Mitgliedstaaten auf, „auf allen territorialen Ebenen und gegebenenfalls unter Einbindung aller relevanten öffentlichen und privaten Stakeholder" Maßnahmen zu ergreifen, zum Beispiel die

Unterstützung der Einrichtung von Plattformen, Netzen und Clustern, in denen sämtliche für die Kultur- und Kreativwirtschaft relevanten öffentlichen und privaten Stakeholder mitwirken können. (Europäische Kommission 2012, S. 8).

Zugleich fordert die Kommission, dass

auch die Zusammenarbeit zwischen verschiedenen Politikfeldern verstärkt wird; dies gilt insbesondere für Wirtschaft, Industrie, Bildung, Tourismus, Innovation, Stadt- und Regionalentwicklung und Raumplanung. (Europäische Kommission 2012, S. 7).

Somit war, rechtzeitig vor der neu beginnenden Förderperiode 2014 bis 2020, die Agenda gesetzt und ein Paradigmenwechsel in der Positionierung der Kreativwirtschaft eingeleitet: weg von der immanenten Bestandsförderung der Kultur- und Kreativwirtschaft und hin zur Förderung neuer Schnittstellen der Kreativwirtschaft zu anderen Sektoren und gesellschaftlichen Herausforderungen.

1.1   Definition, Umfang und Typisierung der Kultur- und Kreativwirtschaft in der Gesamtwirtschaft

Im Gegensatz zu klassischen Wirtschaftsbranchen wie dem Maschinenbau, der Pharma- oder der Ernährungsindustrie sind die konkreten Inhalte der Kultur- und Kreativwirtschaft durch eine politisch gesetzte Abgrenzung entstanden. So werden auf europäischer Ebene die Begriffe Kulturindustrie und Kreativindustrie unterschieden. Die unmittelbare Erzeugung von Gütern oder Dienstleistungen, die Ausdruck oder Verkörperung von Kultur sind, wird der Kulturindustrie zugerechnet. Hierzu zählen u. a. darstellende und bildende Künste, Musikwirtschaft, Presse und Buch, TV, Radio und Videospiele.

Demgegenüber umfasst die Kreativindustrie all jene Wirtschaftsbereiche, die auf kulturelle Inputs zurückgreifen, um Produkte oder Dienstleistungen von überwiegend funktionalem Wert zu erzeugen. Produkte der
Kulturindustrie dienen also als Bausteine einer längeren Wertschöpfungskette. Beispiele hierfür sind Architektur, Grafik- oder Modedesign (EU-
Kommission 2010, S. 6).

Was ist die Kultur- und Kreativwirtschaft?
Heute werden unter dem Begriff der Kultur- und Kreativwirtschaft erwerbs-
wirtschaftlich tätige Unternehmen und Selbstständige verstanden, die kulturelle Güter und Dienstleistungen produzieren, vermarkten, verbreiten oder
damit handeln (Söndermann 2007, S. 10). Ebenso werden Tätigkeiten dazu-
gerechnet, die Kulturgüter bewahren und dabei auf Gewinnerzielung ausgerichtet sind und in einer privaten Rechtsform organisiert sind. Außerdem
zählen gewerbliche Betriebsteile öffentlich finanzierter Kulturinstitutionen
wie Museumsshops und -cafés zum erwerbswirtschaftlichen Sektor dieses
Segments.

Söndermann definiert Kultur- und Kreativwirtschaft als einen Bereich,
zu dem „all jene Betriebe und selbstständige Unternehmer [gehören], die
an der Vorbereitung, Schaffung, Erhaltung und Sicherung künstlerischer
Produktion sowie an der Vermittlung und medialen Verbreitung kultureller
Leistungen beteiligt sind oder dafür Produkte herstellen und veräußern"
(Söndermann 2007, S. 9). Die Kultur- und Kreativwirtschaft ist also eine
Querschnittsbranche.

Zur genauen Erfassung der Branche hat sich eine für Deutschland gülti-
ge Definition durchgesetzt, die nach elf Teilmärkten gegliedert ist (BMWi
2009), dargestellt wird diese in Tab. 1.1: Sie definiert einerseits Teilmärkte,
die auf alle Untersuchungseinheiten im Bund (Kommune, Land, Bund) zukünftig angewandt werden müssen. Andererseits erlaubt sie, spezifische

Tab. 1.1 Die Gliederung der Kultur- und Kreativwirtschaft nach Teilmärkten.
(Quelle: BMWi 2009)

Kulturwirtschaft	Musikwirtschaft, Buchmarkt, Kunstmarkt, Filmwirt-schaft, Rundfunkwirtschaft, Markt für darstellende Künste, Designwirtschaft, Architekturmarkt, Pressemarkt
Kreativwirtschaft	Werbemarkt, Software/Games-Industrie (plus wei-tere, regionsspezifische neue Teilbranche wie z. B. das Kunsthandwerk)

Kompetenzfelder einer Region oder einer Stadt mit in die Branchenanalyse
aufzunehmen; so integrierte beispielsweise der Kulturwirtschaftsbericht
Sachsen aus dem Jahr 2008 die Musikinstrumentenherstellung und das
Kunsthandwerk als traditionelle Produktionsfelder Sachsens. Die im Folgenden aufgeführte Abgrenzung der Kultur- und Kreativwirtschaft orientiert sich an der neuen Gliederung nach Teilmärkten.

Umfang der Kultur- und Kreativwirtschaft im Bund
Die regelmäßig aktualisierte Erfassung der Kultur- und Kreativwirtschaft in
Deutschland geht für das Jahr 2014 von rund 249.000 Unternehmen in der
Branche aus, die zusammen ein Umsatzvolumen von 146 Mrd. € erzielen
(BMWi 2015). Dies entspricht einem Anteil von 7,58 % aller Unternehmen,
die einen Anteil von 2,4 % am gesamtwirtschaftlichen Umsatzvolumen erzielen. Rund 809.000, und damit 2,68 % aller in Deutschland sozialversi-
cherungspflichtigen Beschäftigten, sind in dieser Branche tätig. Hinzu kommen die rund 249.000 Selbstständigen. Berücksichtigt man zusätzlich die
349.000 geringfügig Beschäftigten und die 209.000 geringfügig Tätigen
(Selbstständige und Freiberufler mit einem Jahresumsatz unter 17.500 €),
so ergibt sich für das Jahr 2014 eine Gesamterwerbstätigenzahl in Höhe von
rund 1,62 Mio. Die Kultur- und Kreativwirtschaft trägt 67,5 Mrd. € und somit 2,3 % zur gesamten Bruttowertschöpfung bei.

Die Eckdaten der Kultur- und Kreativwirtschaft haben sich in Deutschland im Jahr 2014 gegenüber dem Vorjahr durchweg positiv entwickelt.
Die Anzahl der sozialversicherungspflichtig Beschäftigten nahm um 2,3 %
gegenüber dem Vorjahr zu, während die Anzahl der geringfügig Beschäftigten im Jahr 2014 leicht um 0,86 % gegenüber dem Vorjahr zurückging.
Die Anzahl der geringfügig Tätigen (Freiberufler und Selbstständige
mit weniger als 17.500 € Jahresumsatz) stieg im Jahr 2014 um 3,07 % auf
209.500 an. Insgesamt erhöhte sich die Anzahl der Unternehmen um knapp
ein Prozent gegenüber dem Vorjahr, die Umsätze stiegen um 2,19 % und
die Bruttowertschöpfung sogar um 2,39 %. Somit setzt sich der positive
Trend der Eckdaten für die Branche fort, der bereits seit mehreren Jahren
zu beobachten war.

Die Branchenstruktur der Kultur- und Kreativwirtschaft ist durch eine
hohe Anzahl von Klein- und Kleinstunternehmen gekennzeichnet. In
einem Unternehmen sind durchschnittlich vier Menschen erwerbstätig, davon durchschnittlich drei sozialversicherungspflichtig Beschäftigte.

Entsprechend fällt der Umsatz, den ein Unternehmen erwirtschaftet, mit durchschnittlich 588.000 € vergleichsweise gering aus. Ein Erwerbstätiger erwirtschaftet somit im Durchschnitt 138.000 € des Gesamtumsatzes der Branche und trägt knapp 64.000 € zur Bruttowertschöpfung bei. Auf einen der insgesamt 809.000 sozialversicherungspflichtig Beschäftigten entfällt ein Umsatz in Höhe von 181.000 €. Der Anteil Selbstständiger an allen Erwerbstätigen in der Kultur- und Kreativwirtschaft liegt bei stabilen 24 %.

Struktur und räumliche Ausprägungsformen der Kultur- und Kreativwirtschaft
Tabelle 1.2 fasst aus unterschiedlichen Datenquellen die Indikatoren Umsatz, Erwerbstätige und Anzahl der Unternehmen zu einem bestimmten Zeitpunkt zusammen.

„Hidden Champions" – Entwicklungen abseits der dominanten Metropolen
Die Kultur- und Kreativwirtschaft ist in Deutschland nicht gleichmäßig über die Regionen verteilt und ist zudem nicht deckungsgleich mit anderen Industrien und Dienstleistungen. So sind kreative Wachstumskerne neben den Metropolen Berlin und Hamburg auch in Altindustrieregionen (Dortmund) oder abseits von größeren Ballungsräumen (Augsburg) zu finden.
Die Region Dortmund-Unna erwirtschaftete im Jahr 2012 eine Milliarde Euro in Branchen der Kreativwirtschaft. 14.000 Erwerbstätige fanden 2012 in 2.400 Unternehmen der Kreativbranche Arbeit (Zahlen von 2010 aus IHK Dortmund (o. J.). Die Stadt Dortmund hat einen maßgeblichen Anteil an dieser Bilanz: Bereits 2007 erwirtschafteten hier 12.300 Beschäftigte in 1.700 Unternehmen etwa 800 Mio. € Umsatz (Stadt Dortmund o. J.).
Neben Dortmund gehört auch Augsburg zu den Hidden Champions der Kreativwirtschaft. 2013 wurden hier in 1.788 Kreativunternehmen knapp 9.000 Menschen beschäftigt (Wirtschaftsportal Augsburg 2014). Einen Namen auf dem deutschen und internationalen Musikmarkt hat sich in den letzten Jahren die Stadt Mannheim gemacht. Neben der Musikbranche haben sich inzwischen auch die Sektoren Mode und Grafik-Design zu starken Standbeinen der Mannheimer Kreativszene entwickelt. Dass auch im ländlichen Raum außerhalb von Agglomerationsräumen erfolgreich

Tab 1.2 Strukturindikatoren Kultur- und Kreativwirtschaft im Bund. (Quelle: Eigene Erstellung)

Stadt/Land	Umsatz (€) (Mrd.)	Differenz zu 2011	Erwerbstätige	Differenz zu 2011	Anzahl Unternehmen	Differenz zu 2011
Berlin (2012)[a]	28,3	+8,8%	156.987 (nur SVB)	+13,4%	33.972	+5,6%
Hamburg (2012)[b]	42,1	−5,1%	124.474 (nur SVB)	+7,9%	20.289	+0,4%
Köln (2012)[c]	26,1	+3,1%	96.901 (nur SVB)	+6,6%	19.122	−0,2%
Magdeburg (2010)[d]	0,3	−	5000	−	533	−
NRW (2011)[e]	35,8	+4,4%	314.700 (2010)	+3,3% (2010)	49.800	+2,0% (2010)
Baden-Württemberg (2011)[f]	22,4	+3,5% (2010)	148.214	+1,4% (2010)	30.180	+1,7% (2010)
Hessen (2012)[g]	12,2	−2,2% (2010)	123.750	−	21.000	+1,3% (2010)
Bayern (2009)[h]	29,4	−	283.812	−	45.101	−
Thüringen (2008)[i]	1,64	−	22.400	−	3.200	−
Bund (2012)[j]	143	+1,32%	1.630.000	+2,65%	247.000	+1%

[a] Zahlen von der Agentur für Arbeit, entnommen aus: Kreativwirtschaftsbericht Berlin 2014.
[b] ebd.
[c] ebd.
[d] Investitions- und Marketinggesellschaft Sachsen-Anhalt 2013.
[e] Kreativreport NRW 2012.
[f] Datenreport2012 zur Kultur-und Kreativwirtschaft Baden-Württemberg.
[g] Datenreport Kreativwirtschaft Hessen 2014.
[h] Kultur-und Kreativwirtschaftsbericht Bayern 2013.
[i] THMWAT 2011.
[j] BMWi 2016

Kreativwirtschaft betrieben werden kann, beweist etwa der Kreis Lüchow-Dannenberg im Wendland, in dem viele Kreative und künstlerisch Freiberufliche tätig sind.

1.2 Widerstreitende Dynamiken in der Kreativwirtschaft

Doch so einfach lässt sich das Konzept Kultur- und Kreativwirtschaft, verkürzt Creative Industries, nicht für Matchmaking- und Partneringprozesse mit dem Mittelstand instrumentalisieren. Denn die Kreativwirtschaft hat in den vergangenen Jahren eine bemerkenswerte Karriere hingelegt: Als Hoffnungsträger für Städte, Nationen und Europa versprach sie Wettbewerbsfähigkeit, Jobs, Wachstum und Attraktivität. Die so simple Idee, in Europa Kultur mit Wirtschaft zu versöhnen, um darauf aufbauend gesellschaftlichen Wandel und neue Innovationen zu befördern, ist vielleicht zu idealistisch gedacht und greift zu kurz.

Denn die momentan erreichte Anerkennung des jungen Handlungsfeldes musste argumentativ und quantitativ hart erarbeitet werden. Zum einen ist die Akzeptanz bei kreativwirtschaftlichen Marktteilnehmern und der sogenannten kreativen Szene nach wie vor schwach, die Heterogenität der Branche und ihrer Akteure wird als zu groß, zu vielstimmig und zu unterschiedlich bemängelt.

So kam es, dass auf die anfängliche Euphorie im Laufe der 2000er-Jahre der Glaube folgte, dass Künstler und Software-/Games-Entwickler, Tänzer und Werber eine in sich schlüssige Branchenphalanx abgeben könnten, auf der die Branche sich nach außen einheitlich zeigen und ihre internen Repräsentationsstrukturen aufbauen könnte (McRobbie und Forkert 2009).

Unklarheit über passende Förderung, lokaler Protest seitens der Künstler und Kreativen, Zweifel an der Ökonomisierung der Kultur sowie die Distanzierung der Akteure gegenüber den lokal-regionalen Politikbestrebungen und der wachsenden Instrumentalisierung von Creative Industries als Marketing- und Branding-Kampagnen ließ die Euphorie in den letztem Jahren in Europa deutlich abebben.

Die Gründe sind vielfältig: Zum einen wurden falsche Erwartungen an die Artikulations- und Beteiligungsbereitschaft kultur- und kreativwirtschaftlicher Akteure gerichtet. Zum anderen wurden regionale Eigen-

heiten, individuelle Kompetenzen, lokale Formate und spezifische Wert-
schöpfungslogiken lange Zeit ignoriert und erst langsam als wegweisende
und zu beachtende Ressource ernst genommen (Lange et al. 2013; Kirchberg und Kagan 2013).

Nicht zuletzt wurden möglicherweise die falschen Fragen und Hoffnun-
gen mit der Kreativwirtschaft verbunden, lag doch der wirtschaftspoliti-
sche Fokus zum Beispiel durch die „Bundesinitiative Kultur- und Kreativwirtschaft" lange Zeit auf der Etablierung künstlerisch-kreativer Professio-
nen und deren Sicherung. In der Folge sollten mit Hilfe von Coaching- und
Professionalisierungsmaßnahmen die Kreativen für den Markt und ihre
Selbstvermarktung fit gemacht werden.

Nur selten trat man mit den Akteuren zum Beispiel in Dialog darüber,
mit welchen praktikablen und auch verkaufsfähigen Lösungen sie denn auf
die zeitgenössischen sozialen, ökonomischen und ökologischen Herausforderungen reagieren werden? Welchen Beitrag sie zur Lösung von sogenannten „Wicked Problems" (deutsch: vertrackte Probleme) liefern werden? Oft schien es regelrecht verpönt, „die Kreativen" zu ihren Lösungs-
vorschlägen für komplexe soziale, ökologische und kulturelle wie wirtschaftliche Probleme in einer bestimmten Region oder Stadt zu befragen.

Die bisherigen Ansätze der Kreativwirtschaftspolitik seitens des Staates
haben in den vergangenen 15 Jahren einen anderen Akzent gehabt und dabei zweifelsohne Beachtliches geleistet: Zahlreiche Berichte und Analysen
haben dem relativ jungen Handlungsfeld die nötige empirische Härte, Va-
lidität und Evidenz gegenüber anderen Lobbystrukturen gegeben. Es galt,
erst einmal Legitimation aufzubauen. Als Wachstumsfeld im Bereich Beschäftigung, Umsatz und der zunehmenden Zahl von Unternehmen stellt
die Kultur- und Kreativwirtschaft ein dankbares Feld dar: Es kann eine
positive Entwicklung in Zeiten zahlreicher struktureller Krisen dokumen-
tiert werden.

Mit Hilfe vielfältiger Unterstützungsmaßnahmen – von Beratung, Coa-
ching und Vernetzungsangeboten bis hin zu neuen Institutionen und einer
wachsenden Zahl von „Kreativagenturen", „Kreativgesellschaften" und
anderen Intermediären – wird dieser Politikgegenstand seit fünf bis acht
Jahren auf kommunaler, städtischer, regionaler sowie der Bundesebene immer besser abgebildet und unterstützt.

1.3   Geschäftsmodelle innerhalb der Kultur- und Kreativwirtschaft

Die Kultur- und Kreativwirtschaft umfasst eine ganze Reihe von verschiedenen Teilmärkten, die unterschiedlichen Marktmechanismen unterliegen und damit teils verschiedene Kompetenzen der Akteure erfordern. Daher haben sich auch unterschiedliche Geschäftsmodelle innerhalb der Kultur- und Kreativwirtschaft etabliert. Mit Blick auf die diesem Buch zugrundeliegende These, dass Kollaborationen zwischen Unternehmen der Kultur- und Kreativwirtschaft und dem Mittelstand Mehrwerte für die Innovations- und Wettbewerbsfähigkeit schaffen, ist es daher notwendig, eine Kategorisierung der grundsätzlichen Geschäftsmodelle innerhalb der Branche vorzunehmen. Eine Aufteilung der Geschäftsmodelle nach dieser Logik zeigt, dass die Akteure der Branche nicht nur innerhalb ihrer eigenen Teilmärkte zusammengefasst werden können.

Laut können Unternehmen der Kultur- und Kreativwirtschaft in drei grundlegende Kategorien entsprechend ihrer Geschäftsmodelle unterteilt werden:

1. Serienmäßig hergestellte und skalierbare Produkte
2. Vor Ort hergestellte Produkte
3. Produkte, die zusätzliche Wertschöpfung anderer Unternehmen schaffen

Serienmäßig hergestellte und skalierbare Produkte Diese Produkte zeichnen sich dadurch aus, dass sie bei steigender Nachfrage einfach und ohne bedeutende Kosten repliziert werden können. Unternehmen dieses Typs funktionieren auf der Grundlage klassischer industrieller Geschäftsmodelle. Die hergestellten Produkte werden in eine konkrete Form gebracht, auf einem Speichermedium festgehalten (z. B. Buch, DVD oder Onlineserver) und entsprechend den Erwartungen der Zielgruppe gestaltet. Insbesondere Medienprodukte entsprechen diesem Geschäftsmodell. Daher sind replizierbare Produkte Filme, Fernsehproduktionen, Zeitungen und Zeitschriften, aber auch softwarebasierte Produkte wie Onlinegames oder Apps zählen hierzu. Darüber hinaus nutzt man für eigens hergestellte Produkte wie Möbel, Mode, Spielzeuge, Instrumente und andere die Möglichkeiten der Massenproduktion.

Vor Ort hergestellte Produkte Hierunter wird die sogenannte „Live-Industrie" verstanden, bei der es zu einer direkten Begegnung zwischen Nutzern und Konsumenten kommt. Hierbei handelt es sich hauptsächlich um Konzerte, Theateraufführungen, Lesungen oder interaktiv gestaltete Vorstellungen mit Konsumenten, wie sie beispielsweise in einem Erlebnispark vorkommen. Dieses Geschäftsmodell ist normalerweise personalintensiver als das von Unternehmen, die sich auf die Herstellung von Produkten konzentrieren.

Produkte, die zusätzliche Wertschöpfung anderer Unternehmen schaffen Unternehmen, die nach diesem Geschäftsmodell arbeiten, entwickeln Produkte oder Dienstleistungen, die Produkte oder Dienstleistungen anderer Unternehmen aufwerten und damit zusätzliche Wertschöpfungseffekte generieren. Unternehmen aus dieser Kategorie erarbeiten beispielsweise die Marketingstrategie von Unternehmen, entwerfen Designs für Produkte oder Gebäude oder beraten Unternehmen bei der Entwicklung einer neuen Internet-Vertriebsstrategie.

Damit wird deutlich, dass für Kooperationen und Kollaborationen mit anderen Unternehmen insbesondere Akteure der Kultur- und Kreativwirtschaft in Frage kommen, die sich der letzten Gruppe zuordnen lassen.

Zur Beschreibung der Kultur- und Kreativwirtschaft können abschließend folgende Definitionsmerkmale herangezogen werden:

1. Der verbindende Kern jeder kultur- und kreativwirtschaftlichen Aktivität ist der schöpferische Akt von künstlerischen, literarischen, kulturellen, musischen, architektonischen oder kreativen Inhalten, Werken, Produkten, Produktionen oder Dienstleistungen. Alle schöpferischen Akte, gleichgültig ob als Unikat, Liveaufführung, serielle beziehungsweise digitale Produktion oder Dienstleistung, zählen dazu. Ebenso können die schöpferischen Akte urheberrechtlich geschützt oder frei sein (Zimmermann 2006, S. 24 ff).
2. Unter dem Begriff Kultur- und Kreativwirtschaft werden verschiedene Einzelbranchen, wie zum Beispiel die Musikwirtschaft, die Filmwirtschaft, der Buchmarkt und andere, zu einem Branchenkomplex zusammengefasst (Kunzmann 2006, S. 3–4).
3. Inhalte- oder Kreativproduktionen ohne ästhetischen Kern oder Bezug zählen nicht zur Kultur- und Kreativwirtschaft. Insbesondere die techno-

logisch-basierten Komponenten des IT- oder Multimediabereichs gehören nicht zum Kernbereich der Kultur- und Kreativwirtschaft (MWME 2007), wobei klare Abgrenzungen hier schwierig sind.

1.4 Innovationskollaborationen zwischen Kreativwirtschaft und anderen Sektoren – der Diskussionskontext

Innovationen sind eine der wesentlichen Kernkompetenzen der Kultur- und Kreativwirtschaft. Kreativunternehmen entwickeln neue Ideen, Produkte und Dienstleistungen und realisieren sie als Kleinserie, kundenspezifische Anpassungen, Unikate oder Prototypen. Dabei handelt es sich meist um nicht-technische Innovationen, sogenannte Soft Innovations, deren Haupteigenschaften sich jedoch nur selten anhand von konkreten Patenten, Produkten oder Prozessen beschreiben lassen. So belegt eine von der Prognos AG durchgeführte repräsentative Befragung, dass rund 86 % aller Unternehmen der Kultur- und Kreativwirtschaft in den letzten drei Jahren Marktneuheiten entwickelt oder eingeführt haben (vgl. Prognos AG und Fraunhofer ISI 2012).

Die Produkt- und Dienstleistungsneuheiten der Kultur- und Kreativwirtschaft sind dabei durch einen hohen Individualisierungsgrad (z. B. durch kundenspezifische Lösungen) und eine enge Anbindung an Nutzer und Kunden gekennzeichnet. Entscheidend ist dabei die Fähigkeit der Akteure, ihr Wissen zu vernetzen, neu zu kombinieren und in Produkte und Dienste umzusetzen. Häufig werden zudem vorhandene Technologien und Prozesse neu verknüpft und in einen anderen Arbeitskontext eingebracht oder bestehende Inhalte auf neue Formate übertragen.

Ein besonderes Merkmal der Kultur- und Kreativunternehmen ist dabei, dass sie aufgrund ihrer großen Kooperationsneigung besonders innovativ sind. Die große Anzahl kleiner Unternehmen und eine hohe Selbstständigenquote prägen die Teilmärkte der Kultur- und Kreativwirtschaft: Kooperationen sind dort für den Unternehmenserfolg überlebenswichtig. Kreativakteure agieren zumeist in Netzwerken und pflegen enge Kooperationsbeziehungen mit Zulieferern, Kunden oder Partnern.

Ein wesentlicher Treiber für diese Entwicklung ist der allumfassende Einsatz digitaler Technologien, der den Aufwand und die Kosten für standortunabhängige Kollaboration zwischen Partnern drastisch gesenkt hat. So können einerseits Rückkopplungsprozesse mit Kunden und Nutzern via sozialer Medien in kürzester Zeit organisiert werden, andererseits können digitalisierte Informationen wie zum Beispiel Software, Designentwürfe oder Medieninhalte übertragen, gemeinsam weiterentwickelt und vertrieben werden. Mit diesen spezifischen Kenntnissen zum Einsatz und der Nutzbarmachung digitaler Technologien stoßen Unternehmen der Kultur- und Kreativwirtschaft IT- und Medieninnovationen bei ihren Zulieferern und Kunden an. Dabei geht es nicht darum, technologische Innovationen durch eine ansprechende Verpackung oder ein neues Logo „zu garnieren", sondern vielmehr können Akteure der Kultur- und Kreativwirtschaft dazu beitragen, technologische Innovationen in konkrete Geschäftsmodelle und Nutzungsszenarien umzuwandeln, die neue Nutzergruppen ansprechen oder bestehende in neuartiger Art und Weise umwerben.

Beispiele für derartige zusätzliche Wertschöpfungseffekte durch Akteure der Kultur- und Kreativwirtschaft gibt es inzwischen zahlreiche. Die folgende Auswahl veranschaulicht dies:

• Car-Sharing-Apps (programmiert und entwickelt durch Akteure der Kultur- und Kreativwirtschaft) erweitern den Kundenkreis von Automobilherstellern, indem die bisher bestehende Nutzungsvariante des Automobils um eine neuartige Nutzungserfahrung erweitert wird.
• Überarbeitete Virtual-Reality-Games ermöglichen es angehenden Chirurgen, Handgriffe und Abläufe für Operationen zu trainieren. Die Übertragung von interaktiven Simulationen auf einen anderen Handlungskontext bietet besonders im Bereich „Serious Gaming" zahlreiche neuartige Einsatzmöglichkeiten.
• Kultur- und Kreativwirtunternehmen unterstützen andere Unternehmen dabei, mit Hilfe einer Kunden- und Nutzercommunity zukünftige Kundenbedürfnisse zu erkennen. Mittels einer Crowdsourcing-Plattform lässt sich eine große Zahl an Kunden und Nutzern mobilisieren, „ihr" Produkt weiterzuentwickeln.

Die Beispiele machen deutlich, dass Unternehmen der Kultur- und Kreativwirtschaft in der Lage sind, bestehende Grenzen zu überwinden, und neue Denkweisen und Perspektiven einnehmen können. Damit kommt der Branche eine Schlüsselrolle im industriellen Wandel zu. Ihr konsequenter Einsatz und das Ausprobieren neuer Technologien sowie die Entwicklung neuer Inhalte und deren Anwendungen führen dazu, dass neue Technologien in soziale Praktiken und Lebensstile integriert werden. Kooperationen zwischen Unternehmen der Kultur- und Kreativwirtschaft und anderen Branchen fördern hybride Marktaktivitäten, die erst durch die Schnittmenge aus Kompetenzen beider Partner entstehen. Gerade an diesen Schnittstellen entstehen durch Kollaborationen Produkte und Dienstleistungen mit hohem Innovationsgehalt. Insgesamt zeigt sich, dass die intersektorale Verknüpfung der Querschnittsbranche Kultur- und Kreativwirtschaft den gesamtwirtschaftlichen Innovationseffekt verstärkt.

Studienergebnisse belegen diese Aussage: Im Rahmen einer makroökonomischen Analyse wurde für Deutschland untersucht, welchen Beitrag die Kultur- und Kreativwirtschaft zur Innovationsleistung im gesamten Wertschöpfungssystem leisten kann. Dafür wurde der Zusammenhang zwischen Unternehmen mit einer hohen Kreativintensität (also einem überdurchschnittlichen Anteil an Vorleistungen aus der Kultur- und Kreativwirtschaft) und dem Innovations-Output von Unternehmen geprüft. Dieser wurde dann mit Hilfe einer Regressionsanalyse berechnet (vgl. Prognos AG und Fraunhofer ISI 2012, S. 93 ff.). Die Ergebnisse zeigen, dass eine hohe Kreativintensität die Innovationsfähigkeit von Unternehmen insbesondere im Bereich der Produkt- und Prozessinnovationen positiv beeinflusst. Weiterhin wurde deutlich, dass die Fähigkeit, neue Produkte und Prozesse zu entwickeln, in Unternehmen zunimmt, wenn dort auf Leistungen aus der Kultur- und Kreativwirtschaft zurückgegriffen wird. Einen positiven Einfluss hat die Kreativintensität ebenfalls bei der Qualitätsverbesserung von Produkten und Dienstleistungen.

Trotz des nachgewiesenen positiven Einflusses der Kultur- und Kreativwirtschaft auf die Gesamtwirtschaft gibt es Hemmnisse bei der branchenübergreifenden Zusammenarbeit zwischen Kultur- und Kreativwirtschaft und anderen Branchen. Studien zeigen, dass bislang Akteure der Kultur- und Kreativwirtschaft hauptsächlich im Bereich Marketing und Vertrieb innovative Prozesse anstoßen. Kreativunternehmen unterstützen also bisher ihre Kunden hauptsächlich im Innovationsprozess der Umsetzung und Verbreitung neuer Produkte. Weniger stark werden sie hingegen in den vorangehenden Innovationsphasen integriert: Weder in der Inspirations- noch in der Gestaltungs- und Entwicklungsphase können Kreativunternehmen ihre eigentlichen Stärken gegenüber ihren Kunden deutlich machen. Dieser Widerspruch ist ein wichtiger Anstoß für dieses Buch.

1.5 „Cooperation and collaboration is the new black" – ein neues Paradigma in der Kreativwirtschafts- und Mittelstands-Förderung?

Bestehende Innovations- und Wertschöpfungspotenziale, die von der Wirtschaft nur in geringem Maße realisiert werden, zwingen die Politik dazu, zunehmend Förderlinien zu installieren, die auf Kooperation und Kollaboration setzen.

Auf der Ebene der Europäischen Union zeigt sich, dass die Kultur- und Kreativwirtschaft eine wichtige Rolle durch ihre Querschnittsorientierung aufweist: von der Regional- über die Wirtschafts- bis hin zur Bildungspolitik wird die Bedeutung dieser Branche immer wieder in wichtigen Verordnungen und Regelungen betont. Gerade Kleine und mittlere Unternehmen (KMU) und Kleinstunternehmen spielen bei der Suche nach sogenannten *„Smart Specialisation Strategies"* eine zentrale Rolle: Cross-sektorale Innovationprozesse sollen dort zukünftig stärker verankert werden. Mit dieser regionalen Spezialisierungsperspektive geht die Aufforderung einher, die Rolle von Kultur und Kreativität als Transmissionsriemen für den regionalen wie europäischen Innovations- und Netzwerkzusammenhang stärker zu würdigen und konkret zu fördern: Mittelstand und Kreativwirtschaft kommt die Aufgabe eines „Innovationskatalysators" zu. Durch ihre Schnittstellenposition zwischen Kunst, Wirtschaft und Technologie ist die Kultur- und Kreativwirtschaft dazu geeignet, Innovationen zu befördern – vor allem für KMU.

Warum sind Kooperationen für Unternehmen heute überhaupt notwendig?

Kooperationen zwischen unternehmerischen Akteuren können, je nach Kontext und Thematik, verschiedene Ausprägungen und Formen annehmen. Begriffe wie Partnerschaften, Kollektive, Allianzen, Joint Ventures oder Koalitionen spiegeln diese Vielfalt an Organisationsformen wider. Daneben gibt es neuere Ausprägungen, die oft durch bestimmte hybride Technologieszenen geprägt werden, wie zum Beispiel Crowds, Swarms, Hives, Mobs etc. (siehe Benedetto 2013).

Die zentralen Fragen zu diesen verschiedenen Organisationsstrukturen lauten: Welche Akteure und Bestandteile finden wann und wie zueinander und in welcher Zusammensetzung kollaborieren sie? Welche Kompetenzen sind komplementär und wie lassen sich diese über einen bestimmten Zeithorizont flexibel (re-)konfigurieren? (Howaldt und Schwarz 2010, S. 8–10 und S. 35).

Wendet man Kooperation und Kollaboration auf den Fall der Kreativwirtschaft an, so zeigt sich, dass die dominante Kleinteiligkeit der Marktteilnehmer es mit sich bringt, dass Kooperationen und Kollaboration wichtiger sind, als dies in etablierten KMU und Großunternehmen der Fall ist.

Peer-Netzwerke sind Wissensressourcen und soziale Kontexte, in denen Jobs, Marktentwicklungen und Technologien vermittelt und gehandelt werden. Diese sozialen Netze sind für viele Markteinsteiger risikominimierende Bedingungen. Die Kreativwirtschaft folgt einer Netzwerklogik, die sich auch aus den sozio-technologischen Entwicklungen einer digitalisierten Kreativ- und Wissensgesellschaft ergibt. Neue, meist informelle Communitys, die kollektive Ressourcen bündeln, zugleich aber auch die Autonomie und Individualität des Einzelnen gewährleisten, prägen die Arbeitspraxis.

Die meisten Kreativarbeiter definieren sich über den Bezug zu anderen, das heißt sie entfalten ihr Potenzial erst in der Verbindung zu Netzwerkpartnern und Kunden. Der relationale Charakter ist den kreativen Ökonomien als Wesensmerkmal eingeschrieben, auch in Hinblick auf die Formierung von Märkten und Produkten (Lange 2011; Lange und Bürkner 2013; Lange et al. 2013).

Lebensweltliche Interaktionsforen (Coworking Spaces) in Kombination mit Peering-Modellen (kostenneutraler Datenaustausch über Internet Protocol (IP)-Adressen) gewinnen an Bedeutung.

Blickt man nun auf das Innovationsverhalten vieler mittelständischen Unternehmen, so zeigen viele Studien zur Innovationsfähigkeit des Mittelstands und der KMU, dass diese oft nur schwer oder gar nicht in der Lage sind, substanziell neue Innovationen im laufenden Betrieb zu entwickeln (vgl. insbesondere: ZEW/Prognos AG und Universität Mannheim 2011; ZEW/Prognos AG 2013).

Die Kreativwirtschaft und ihre oft in freien Strukturen arbeitenden Protagonisten könnten im engeren Sinne wertvolle Impulse im Bereich Arbeitsmethoden, Prototyping, Prozess- und Produktentwicklung liefern. Aber auch in einem weiteren Sinn können sie konstruktive Impulse setzen und mit abweichenden Denkweisen neue Perspektiven auf Produktion, Organisation und gesellschaftliche Verortung des Unternehmens liefern.

Vielerorts passiert das nach dem Prinzip „Trial and Error" (Bürkner et al. 2013), oder auf der Basis vertrauter Beziehungen zwischen Werbern und Unternehmenskommunikation oder zwischen Designern und Unternehmensmarketing.

Doch viele Studien (z. B. Prognos AG und Fraunhofer ISI 2012; ZEW/Prognos AG, Universität Mannheim 2011; ZEW/Prognos AG 2013 und Enkel und Lenz 2011) weisen darauf hin, dass derartige cross-sektorale Kooperationen noch fehlen, perspektivisch aber einen Königsweg aus der KMU-Innovationsfalle darstellen und somit von beiderseitigem Wert für die Beteiligten sind. Derartige Kooperationen gilt es zu befördern.

Zahlreiche Positionen haben sich auf der Landesebene in den vergangenen Jahren zu Wort gemeldet, um dies zu tun. Sie wollen „bessere", „verlässlichere" und nachhaltigere sowie passgenauere Förderprogramme für die Akteure der Kreativwirtschaft auflegen: Beispielsweise wirbt *Nordrhein-Westfalen* mit den Begriffen „Innovationsökologien" (Creative. NRW 2011) sowie „Innovationsökonomien" (Creative.NRW 2014) für ein breiteres Innovationsverständnis.

Die Freie und Hansestadt Hamburg mit der Kreativgesellschaft positioniert sich u. a. als Objekt- und Raumentwickler. Daran zeigt sich, dass sich ein neues cross-sektorales Innovationsverständnis auf den Weg macht, die Praxis und Handlungsvollzüge der sogenannten „Kreativen" da abzuholen, wo sie sich qua ihrer biografischen Entwicklung und gesellschaftlichen Haltung selbst positioniert haben.

Literatur

Bundesministerium für Wirtschaft und Energie (BMWi). (Hrsg.). (2009). *Gesamtwirtschaftliche Perspektiven der Kultur- und Kreativwirtschaft in Deutschland.* Bundesministerium für Wirtschaft: Berlin.

Bundesministerium für Wirtschaft und Energie (BMWi). (Hrsg.). (2015). Monitoring zu ausgewählten wirtschaftlichen Eckdaten der Kultur- und Kreativwirtschaft 2014. Bundesministerium für Wirtschaft, Berlin.

Bundesministerium für Wirtschaft und Energie (BMWi). (Hrsg.). (2016). Monitoring zu ausgewählten wirtschaftlichen Eckdaten der Kultur- und Kreativwirtschaft 2014. Bundesministerium für Wirtschaft und Energie, Berlin (Kurzfassung).

Bürkner, H.-J., Lange, B., & Schüßler, E. (2013). Perspektiven auf veränderte Wertschöpfungskonfigurationen in der Musikwirtschaft. In H.-J. Bürkner, B. Lange, & E. Schüßler (Hrsg.), *Akustisches Kapital – Wertschöpfung in der Musikindustrie* (S. 9–44). Transcript, Bielefeld.

Creative NRW. (Hrsg.). (2011). *Innovationsökologien: Vier Szenarios für die Kultur- und Kreativwirtschaft in NRW 2020*. Düsseldorf: Ministerium für Wirtschaft, Energie, Bauen, Wohnen und Verkehr des Landes Nordrhein-Westfalen (Auftragsstudie von Holm Friebe und Bastian Lange für das Clustermanagement Kreativwirtschaft in NRW).

Creative NRW (Hrsg.). (2014). *Innovationsökonomien: Strategien zur Erneuerung unternehmerischer Praxis*. Düsseldorf: Ministerium für Wirtschaft, Energie, Bauen, Wohnen und Verkehr des Landes Nordrhein-Westfalen (Auftragsstudie von Sebastian Olma für das Clustermanagement Kreativwirtschaft in NRW).

Di Benedetto, C. A. (2013). Open innovation and the value of crowds: implications for the fashion industry. *Journal of Global Fashion Marketing, 5*(1), 26–38.

Enkel, E., & Lenz, A. (2011). Mit Cross-Industry zu radikalen Neuerungen. In Serhan Ili (Hrsg.), *Open Innovation Umsetzen – Prozesse, Methoden und Systeme* (S. 293–314). Düsseldorf: Symposion.

Europäische Kommission. (2010). Grünbuch „Unlocking the potential of cultural and creative industries". Brüssel. http://eur-lex.europa.eu/legal-content/EN/TXT/?uri=URISERV:cu0006. Zugegriffen: 08. Dez. 2015.

Europäische Kommission. (2012). Mitteilung der Kommission an das Europäische Parlament, den Rat, den Europäischen Wirtschafts- und Sozialausschuss und den Ausschuss der Regionen. Die Kultur- und Kreativwirtschaft als Motor für Wachstum und Beschäftigung in der EU unterstützen /* COM/2012/0537 final */.

Howaldt, J., & Schwarz, M. (2010). *„Soziale Innovation" im Fokus. Skizze eines gesellschaftstheoretisch inspirierten Forschungskonzepts*. Transcript, Bielefeld.

Investitions- und Marketinggesellschaft Sachsen-Anhalt. (2013). *Kreatives Sachsen-Anhalt*. Wertschöpfung und Potenzial. Magdeburg.

Kirchberg, V., & Kagan, S. (2013). The roles of artists in the emergence of creative sustainable cities: Theoretical clues and empirical illustrations. *City, Culture and Society, 4*(3), 137–152.

Kunzmann, K. R. (2006). Kulturwirtschaft und Raumentwicklung. *Aus Politik und Zeitgeschichte, 34–35*, 3–7.

Lange, B. (2011). Accessing Markets in Creative Industries – Professionalisation and social-spatial strategies of Culturepreneurs in Berlin. *Entrepreneurship and regional development, 23*(3), 259–279.

Lange, B., & Bürkner, H.-J. (2013). Value-creation in the creative economy – The case of electronic club music in Germany. *Economic geography, 82*(2), 149–169.

Lange, B., Bürkner, H.-J., & Schüßler, E. (Hrsg.). (2013). *Akustisches Kapital – Wertschöpfung in der Musikwirtschaft*. Bielefeld: Transcript.

McRobbie, A., & Forkert, K. (2009). *Artists and art schools: for or against innovation?* A reply to NESTA. Working Papers. Department of Media and Communications, Goldsmiths.

Ministerium für Wirtschaft, Mittelstand und Energie des Landes Nordrhein-Westfalen (MWME). (2007). *5. Kulturwirtschaftsbericht – Nordrhein-Westfalen: Kultur- und Kreativwirtschaft – Wettbewerb – Märkte – Innovationen. Ministerium für Wirtschaft, Mittelstand und Energie des Landes Nordrhein-Westfalen.* Düsseldorf.

Prognos AG, & Fraunhofer ISI. (2012). *Die Kultur- und Kreativwirtschaft in der gesamtwirtschaftlichen Wertschöpfungskette – Wirkungsketten, Innovationskraft, Potenziale. Eine Studie im Auftrag des Bundesministerium für Wirtschaft und Energie.* Berlin.

Söndermann, M. (2007). Kulturwirtschaft und Kreativwirtschaft: Eine Neue Diskussion für Deutschland. In B. Fesel (Hrsg.), *Kultur und Kreativität als neue Wirtschaftsfaktoren – Jahrbuch Kulturwirtschaft 2006* (S. 8–20). Berlin.

Stadt Dortmund. (Hrsg.). (o. J.). Musik- und Kreativwirtschaft in Dortmund. www.kreativwirtschaft-dortmund.de.

Thüringer Ministerium für Wirtschaft, Arbeit und Technologie (THMWAT). (2011). *Kreativwirtschaft in Thüringen. Thüringer Ministerium für Wirtschaft, Arbeit und Technologie.* Erfurt.

Wirtschaftsportal Augsburg. (2014). Zahlen von Unternehmen und Beschäftigten in der Kultur- und Kreativwirtschaft (KuK) für die Region Augsburg. http://www.wirtschaft.augsburg.de/index.php?id=34402&tx_ttnews[tt_news]=16604&cHash=e622c8e43ad4bcc1231f623b77151e5a. Zugegriffen: 01. Sept. 2015.

Zentrum für Europäische Wirtschaftsforschung (ZEW)/Prognos AG, Universität Mannheim. (2011). Systemevaluierung „KMU-innovativ" (Auftragsstudie für das BMWi).

Zentrum für Europäische Wirtschaftsforschung (ZEW)/Prognos AG. (2013). *Untersuchung von Innovationshemmnissen in Unternehmen – insbesondere KMU – bei der Umsetzung von Forschungs- und Entwicklungsergebnissen in vermarktungsfähige Produkte und mögliche Ansatzpunkte zu deren Überwindung.* Zentrum für Europäische Wirtschaftsforschung: Mannheim.

Zimmermann, O. (2006). Kulturberufe und Kulturwirtschaft – Gegensatz oder Symbiose? *Aus Politik und Zeitgeschichte, 34–35,* 24–31.

Kreativwirtschaft als Treiber für cross-sektorale Innovationsprozesse

2

2.1 Neuansätze, Herausforderungen und Innovationsbedarfe zwischen Kreativwirtschaft und Mittelstand

Mit der Fortentwicklung digitaler Technologien, ihren dazugehörigen Infrastrukturen und neuen digitalen Produktions-, Vertriebs-, Rezeptions- und Entwicklungsprozessen ergeben sich neue Formen der Wertbildung und der Wertschöpfung, mit denen sich Kreativakteure auf Kreativmärkten zu behaupten versuchen.

Ähnlich wie beim Übergang von der Agrar- zur Industriegesellschaft wandeln sich damit auch soziale Strukturen, Wertesysteme, Verhaltensmuster und nicht zuletzt der Arbeitsbegriff. Zum einen erfolgen zunehmend Übertragungen von standardisierten und Routinetätigkeiten auf technische Systeme. Zum anderen provoziert die durch die Digitalisierung entfachte Wissensexplosion eine stärkere Spezialisierung. Spezialistentum bleibt aber aufgrund der rasanten Dynamiken immer unvollständig, so dass Kommunikationsplattformen, Face-to-Face-Situationen und Konferenzen immer wichtiger werden, um das eigene Wissen zu aktualisieren und Neues aufzunehmen.

© Springer Fachmedien Wiesbaden 2016
B. Lange et al., *Kollaborationen zwischen Kreativwirtschaft und Mittelstand*, DOI 10.1007/978-3-658-11855-6_2

2.2 Open und Cross Innovation

Eine weitere, immer dominant werdende Diskussion kreist um die Effekte und Erträge der sogenannten *Open-Innovation*-Praxis (von Hippel 2005; Rau et al. 2012; Zhang und Di Benedetto 2010).

Während das Konzept der *Open Innovation* in der freien Hacker-, Kreativ- und Data-Szene *den* zentralen Transmissionsriemen darstellt und in dezentralen sowie temporären Prozessen immer wieder in der Lage ist, neue Tools, Maps und Prototypen zu generieren, ist es noch nicht hinlänglich in KMUs oder der mittelständischen Administration „angekommen".

Dabei steht die Frage im Raum, inwiefern es gerade kleinen Städten und mittelständischen Firmen helfen könnte, stärkere Akteure in der Entwicklung der sogenannten wissensbasierten Wirtschaft zu werden. Viele argumentieren dahin, dass Städte stärker als bis dato eine wichtigere Rolle bei der Erschließung der traditionell top-down orientierten Forschung haben sollten.

Auch hier leitet sich – aus der Blickrichtung der sogenannten wissensbasierten Wirtschaft – die Frage ab, wie die laufenden Forschungsinvestitionen sowie die dabei erwarteten Spillover adäquater in den Lösungskreislauf alltäglicher Probleme integriert werden könnten? Anders gefragt: Wann wurde schon einmal ausgelotet, in welchem Maße hochtechnologische Materialforschung im Stande ist, einen wirksamen Einfluss auf lokale Quartiersstrukturen zu nehmen und umgekehrt?

Die Frage, wo man aus der Sicht der Kreativwirtschaft nach adäquaten Spillover-Effekten für die Wirtschaft suchen sollte, muss zunächst berücksichtigen, dass innerhalb dessen, was als „Wirtschaft" bezeichnet wird, ein nachhaltiger Umdenkprozess stattfindet (Smagina und Lindemanis 2012).

Immer eindrücklicher wird dabei versucht, Innovationsprozesse per se neu zu denken, indem man sich von der klassischen Container- und Silolösung entfernt – also Prozesse der Forschung und Entwicklung nicht mehr in sozial, räumlich abgeschotteten Insellösungen denkt, sondern Lösungsprozesse in die Gesellschaft hinein öffnet und versucht, in kollaborativen Multi-Stakeholder-Prozessen neue Ideen und Prototypen zu generieren.

Open Innovation – eine kurze Begriffsklärung

Der Begriff Open Innovation wurde maßgeblich vom amerikanischen Wirtschaftswissenschaftler Henry Chesbrough in seinem Buch „Open Innovation: The New Imperative for Creating and Profiting from Technology" (Chesbrough 2009) geprägt. Er steht für die strategische Öffnung von Innovationsprozessen von Unternehmen nach außen, um externes Wissen und Technologien gezielt für den internen Ideenfindungs- und Verwertungsprozess nutzbar zu machen.

Der Begriff grenzt sich klar von sogenannten „Closed Innovation Practices" ab, also traditionellen und exklusiv unternehmensinternen Innovationsprozessen im Sinne des Ökonoms Schumpeter, die darauf abzielen, durch klassische Forschungs- und Entwicklungsmaßnahmen die Markteintrittsreife von Produkten oder Dienstleistungen zu erreichen, um Innovationsrenten im Markt zu internalisieren. Im Gegensatz dazu weicht Open Innovation die Grenzen zwischen intern im Unternehmen generiertem Wissen und extern (z. B. Kunden, Zulieferer, (online-)Communities etc.) verfügbaren Ressourcen auf.

Als Motivation für die erhöhte Bereitschaft vieler Unternehmen, sich heutzutage gegenüber Open-Innovation-Prozessen zu öffnen, gelten gemeinhin der erhöhte Wettbewerb und komplexere Dynamiken innerhalb vieler Märkte, die fortschreitende Digitalisierung vieler Lebensbereiche und damit zusammenhängend der erhöhte Informations- und Wissensstand auf der Kundenseite.

Open Innovation beschreibt einen neueren Innovationsansatz, der bestrebt ist, die Einsichten zur zentralen Rolle von Nutzern in praktisch wirksames Handeln zu überführen. Im Kern geht es bei Open Innovation stets darum, den Innovationsprozess für externe Akteure zu öffnen, um deren Expertise möglichst früh in die Gestaltung von Innovationen einzubeziehen (Piller und Ihl 2009).

Die Adressaten von neuen Technologien, Produkten und Dienstleistungen werden im Kontext von Open Innovation nicht länger als passive Konsumenten betrachtet, sondern als „Prosumenten" (ein Kunstbegriff aus Produzenten und Konsumenten), die eine mehr oder weniger aktive Rolle im Innovationsprozess einnehmen (Hellmann 2010).

Die besondere Bedeutung von Prosumenten für Innovationen erklärt sich aus ihrem spezifischen Wissen. Personen, die Adressaten und Abnehmern von Innovationen sind, verfügen erstens über Selektionswissen. Das heißt über Wissen bezüglich der Motive, die bestimmten Kauf- und Nutzungsentscheidungen zugrunde liegen. Sie verfügen zweitens aufgrund von Nutzungserfahrungen über pragmatisches Wissen über den oftmals eigensinnigen Umgang mit Produkten und Angeboten. Die Erfahrungen hinsichtlich der sozialen Handlungsfelder und Alltagsroutinen, in die Innovationen erfolgreich eingebettet werden müssen, macht sie drittens zu wertvollen Inhabern von Kontextwissen.

Offene Innovationsprozesse darf man aber nicht als eine frühe Einbeziehung von Kunden missverstehen. Vielmehr steht im Kern die Frage, wie andere Branchen und Wissensdisziplinen in einem Lösungsprozess zur Geltung kommen und an diesem Prozess beteiligt sind. Fachlich bezieht sich dieser paradigmatische Wandel unter anderem auf eine Vorgabe des 2008er Reports „The New Nature of Innovation" der Organisation for Economic Co-operation and Development der OECD, der einen erweiterten Innovationsbegriff vorschlägt. Danach sollen Innovationen auch außerhalb von Hightech-Firmen und Abteilungen der Forschung und Entwicklung stattfinden und Bereiche wie Service oder die Organisation selbst mit eingeschlossen werden.

Zudem listet der Report etliche Beispiele auf, wie auf offenen Entwicklungsplattformen unter Einbeziehung von Kunden, Zulieferern und Wettbewerbern „Open Innovation" praktiziert und das berüchtigte „Not-invented-here"-Syndrom überwunden wird. So lädt zum Beispiel der Philips-Konzern kleine Hightech-Firmen ein, sich auf seinen „Open-Innovation"-Campi in Eindhoven und Shanghai anzusiedeln und sich an der partnerschaftlichen Entwicklung von Innovationen zu beteiligen.

Bei aller Euphorie und Begeisterung um die Effekte der Open Innovation zeigt sich aber, dass mitunter die Autorität und Kontrolle über Lösungsprozesse, die sich zwischen verschiedenen Partnern und Zulieferern vollziehen, den klassischen Domains der Forschung und Entwicklung entgleiten.

Wenn hybride Allianzen an gemeinsamen Entwicklungen in einen Prozess der Co-Evolution und Co-Creation arbeiten, geht das damit einher, dass sich – im Sinne von „Crowdsourcing" und „Wikinomics" – derartige Lösungs- und Beteiligungsprozesse über die Welt und das Internet zunehmend verstreuen. Damit wird translokales Expertenwissen für die Lösung lokaler Probleme wichtiger und relevanter.

Web-Plattformen wie „www.innocentive.com" erlauben es, wissenschaftlich-technische Probleme öffentlich auszuschreiben und einen Preis für deren Lösung auszusetzen. Auf „www.jovoto.com" werden klassische Aufgaben von Design- und Kreativagenturen als Wettbewerbe ausgeschrieben, an denen sich Kreative aus aller Welt beteiligen können.

Dies bedeutet, dass in den Organisationen der Wirtschaft ein schleichender Umbau stattfindet. Die im Industriezeitalter dominierenden Einheiten des Wirtschaftslebens, Unternehmen und Konzerne, beginnen sich aufzulösen, weil sie immer seltener die beste Antwort auf die Anforderungen volatiler Marktumfelder und kommunikationsbasierter Wertschöpfung liefern.

In den hochproduktiven Segmenten nehmen Routinetätigkeiten immer weiter ab, werden outgesourct oder automatisiert. „Projektifizierung" lautet das Schlagwort, das bedeutet, dass das Management des Ausnahmefalls immer mehr zur Regel wird. Die Arbeits- und Organisationsweise von Filmteams, Theaterensembles oder Bergsteiger-Expeditionen wird zum Vorbild für immer größere Teile der Wirtschaft. In der Folge werden die Unternehmensgrenzen durchlässiger und es bilden sich neue Wertschöpfungsnetzwerke.

2.3 Innovationsimpulse durch die Kreativwirtschaft für andere Sektoren

Zunahme von selbstständigen Kreativ- und Wissensarbeitern
Volkswirtschaftlich schält sich in entwickelten Nationen der Arbeitstypus des sogenannten „Wissensarbeiters" (von Streit 2011) heraus, eine der am stärksten wachsenden Beschäftigten- und Mitarbeitergruppen. In der Kultur- und Kreativwirtschaft Deutschlands sind 23,8 % der Erwerbstätigen Freelancer.

Der Trend der wachsenden Zahl unternehmerisch Selbstständiger hat sich in den Mitgliedsstaaten der EU seit den 1990er-Jahren stetig erhöht. Dieser Trend gilt auch für Deutschland, wo mittlerweile elf Prozent der erwerbsfähigen Bevölkerung selbstständig ist (Fritsch et al. 2012, S. 9). Seit Anfang der 1990er-Jahre hat die Selbstständigkeit kontinuierlich zugenommen: Die Anzahl der Selbstständigen hat sich zwischen 1991 und 2010 um 40,2 % erhöht und zwar von etwas über drei Millionen auf 4,3 Mio.[1]

In jüngster Zeit wird nicht mehr nur von „Selbstständigen", sondern zusätzlich von „Neuen Selbstständigen" gesprochen. Damit wird ein Erwerbstyp beschrieben, der eigenverantwortlich, mit hohen Fachkenntnissen, Innovationsansprüchen und Kreativität oftmals als Solounternehmer agiert und oft noch von zu Hause oder von neuen Arbeitsorten seiner Tätigkeit nachgeht.

Dieser Begriff steht auch für neuartige Tätigkeitsprofile und Marktideen. Die deutliche Zunahme der Gründungen durch die „Neuen Selbstständigen" geht auf sogenannte „moderne Dienstleistungen" zurück. Hierfür spielt ein neues Verständnis der Selbstständigkeit als autonome und kreative Tätigkeit ebenso eine Rolle, wie die Chancen des „Quereinstiegs", die zum Beispiel in Beratungs-, Kultur- und Medienberufen gegeben sind.

Soloselbstständige sind strukturbestimmend in der Kreativwirtschaft
Laut Einschätzungen von Forschern des Deutschen Instituts für Wirtschaft (DIW) heißt das, dass sich nahezu jeder fünfte Hochschulabsolvent in der beruflichen Laufbahn selbstständig macht (vgl. Fritsch et al. 2012, S. 9 auf der Basis von Mikrozensusdaten). Viele und vor allem junge und gut ausgebildete Menschen testen ihre Geschäftsideen, indem sie gründen. Dies trifft, wie eine Studie der Kreditanstalt für Wiederaufbau (KfW) zeigt, vor allem auf die Kreativwirtschaft zu (KfW-Bankengruppe 2011).

Mit dieser Kleinteiligkeit geht auch eine neue Art der Entwicklung, Organisation und des Managements relevanten Wissens einher. Es hebt sich signifikant gegenüber der industriellen Form von Arbeit ab, erfordert andere Kompetenzen und Fähigkeiten sowie Orte des Austauschs und Transfers. Eben weil relevantes Wissen immer eindrücklicher in diesen kleinteiligen Strukturen nicht hierarchisch strukturiert ist, ist es, anders als in etablierten kleineren und mittleren Unternehmen sowie globalen Konzernen, situationsabhängig.

Dazu kommt, dass sich in und mit dem Internet neue sowie zugleich offene Kooperations- und Arbeitsformen herausbilden, die unter dem Schlagwort der Open Innovation bekannt sind und an die sich neue Kooperationskulturen binden.

---

[1] Statistisches Bundesamt, Ergebnisse des Mikrozensus, 2010.

Kreativarbeiter arbeiten in offenen Systemen

Dies trifft insbesondere für institutionell schwach verankerte oder gänzlich freie Kreativarbeiter zu, die damit neue Chancen der Profilierung abseits etablierter Berufs- und Karrierewege erfahren. Kreativ- und Wissensarbeiter nutzen dabei soziale Kommunikationsmedien, um ihr Know-how besser mit den Expertisen anderer Spezialisten zu verbinden und dabei zu neuem Wissen auf der Basis sogenannter Open-Source-Technologien zu kombinieren (erfolgreiche Beispiele sind die Entwicklungen von Softwareprogrammen wie zum Beispiel der Internetbrowser Firefox oder das Betriebssystem Linux).

Möglich sowie interessant für Einkommensoptionen wird dies durch dramatisch gesunkene Transaktionskosten für Koordination und Kommunikation. Dies ermöglicht wiederum die Zusammenarbeit in losen und informellen Projektnetzwerken im Gegensatz zur Berufspraxis in stabilen Hierarchien und preisgesteuerten Märkten (Benkler 2002; Grabher 2004).

Neben der technischen Komponente werden aber individuelle Kriterien wie gegenseitige Wertschätzung, Vertrauen, Respekt, Toleranz und Anerkennung wichtiger. Da sich Wertschöpfung und Reputation weniger auf formalisierten Strukturen innerhalb klar definierter Organisationen entfalten, als vielmehr in offenen Strukturen, kommt der Komponente Persönlichkeitsentfaltung wie auch innovativen Ideen eine wichtigere Rolle als früher zu.

Kollaboration und Kooperation

Der Begriff Kollaboration steht zufolge mehrheitlich für strategische Beziehungen, Allianzen oder sogar Joint Ventures, die sich zwischen Organisationen ergeben. In jüngster Zeit erfährt der Begriff eine hohe Konjunktur, weil Open und User Innovation die Aufmerksamkeit auf derartige Kollaborationen zwischen Organisationen und externen Akteuren und (Internet-) Usern, die nicht formal organisiert sind oder oft unterschiedliche institutionelle Anbindungen aufweisen, ziehen. Im Verständnis der Open Collaborative Innovation nach Baldwin und von Hippel (2011) steht nicht die formale Gestaltung der Kollaboration im Vordergrund, sondern die freie Verwertung und Nutzung der kollaborativ erzeugten Innovationen.

Insbesondere in sogenannten Open-Source-Projekten kristallisieren sich dagegen neue Koordinations- und Kooperationsmechanismen heraus, die vor allem beim produktiven Umgang mit neuem Wissen gegenüber industriellen und großstrukturellen Organisation als überlegen bewertet werden (vgl. dazu Klotz 2009; Smagina und Lindemanis 2012). Dies manifestiert sich in der weltweit wachsenden Bedeutung von sogenannten Coworking Spaces.

Diese sich rasch vermehrenden und wie „Treibhäuser" für Ideen und Innovationen wirkenden Arbeits- und Kommunikationsräume zeigen, welche physischen und lokalen Formen der Kooperation diese Leitidee hervorbringt.

Kreativ- und Wissensarbeiter erwarten Transparenz im Umgang mit Information, Flexibilität durch ortsunabhängiges Arbeiten, Freiräume zur individuellen Gestaltung ihrer Work-Life-Balance sowie Anerkennung durch Gleichgesinnte in ihren Netzwerken.

Digitalisierung

Dynamisiert wird dieser statistisch belegte Trend der wachsenden Zahl der Soloselbstständigen durch die Digitalisierung. In vielen Bereichen hat sie dafür gesorgt, dass die durch Monopolisten besetzten Markteinstiegsmöglichkeiten, gewissermaßen die „Nadelöhre" des Industriezeitalters, immer mehr wegfallen und sich durch den Strukturwandel neue Markteinstiegsoptionen ergeben.

Denn einerseits fallen Markteintrittsbarrieren durch das sukzessive Scheitern von marktbeherrschenden Akteuren weg, andererseits sinkt der Kapitaleinsatz von neuen Marktteilnehmern (Friebe und Ramge 2008). Musik, für die man zum Beispiel vor 30 Jahren noch ein voll ausgerüstetes Tonstudio brauchte, lässt sich heute hochwertig am Laptop produzieren.

Außerdem stehen die Kanäle für Marketing und Vertrieb jetzt durch verschiedene Distributionsplattform im Internet (z. B. Etsy, Dawanda) potenziell allen offen. In der Summe führt das dazu, dass die Skalenvorteile von Großunternehmen erodieren und die effiziente Betriebsgröße sinkt. Es gibt Hinweise und Branchen- sowie Trendbeobachtungen, dass die Wirtschaftsstruktur insgesamt kleinteiliger und granularer sein wird, so dass Mikrobusiness und Free Agents (Soloselbstständige) eine immer größere Rolle spielen werden, wie es innerhalb der Kultur- und Kreativwirtschaft heute zum Beispiel bereits der Fall ist. Dort waren im Jahr 2012 23,8 % der insgesamt 1,5 Mio. Erwerbstätigen sogenannte Soloselbstständige (vgl. BMWi 2016).

Der Wechsel von analoger zu digitaler Produktionsweise bringt es auch mit sich, dass sich gerade neue Geschäftsmodelle besser skalieren lassen, weil sich Kopien zu Kosten nahe Null anfertigen und verbreiten lassen. So kann etwa die Games-Industrie potenziell aus dem Stand einen weltweiten Markt bedienen. Doch bemerkenswerterweise bewirkt die Digitalisierung nicht ausschließlich eine Verlagerung in digital operierende Geschäftswelten. Die Auseinandersetzung um den Bedeutungsgewinn sozialer Orte in Innenstädten, an zentralen statt dezentral-suburbanen Arbeitsorten, die Zunahme von kommunikativen Orten des Wissenstransfers im Sinne von Co-working Spaces, Ice Hubs, Inkubatoren, Tagungs-, Konferenz- und Begegnungsevents zeigen das Bestreben, neben digitalen Welten analoge, sozial bestimmte sowie zugleich anregungsreiche, ansteuern zu können (Lange et al. 2013; BBSR 2011).

Bedeutung kreativer Orte als Teil neuer Öffentlichkeiten
In der Trendbeobachter- Szene wird daher seit einigen Jahren der Ruf laut, dass das Digitale gerade in die Welt der Atome zurückschwappe: „Atoms are the new bits", so der US-amerikanische Wirtschaftsautor Chris Anderson (2012). Er beobachtet in einer jungen Szene von Startups, Kreativproduzenten und Ideentüftler die Anwendung von sogenannten Fabbing- und Rapid-Prototyping-Technologien, mit deren Hilfe sich hochkomplexe Produkte in der eigenen Garage oder in öffentlichen Werkstätten herstellen lassen.

Chris Anderson sieht hinter dieser Trendbeobachtung eine Hightech-Do-it-yourself-Praxis, und wie er sagt, die „The next Industrial Revolution": Es handelt sich dabei um individualisierte physische Produkte, die mit Hilfe dieser kostengünstigen Produktionstechnologie eine flexible Kleinserienproduktion ermöglichen.

Diese Do-it-yourself-Ökonomie ist eine Realwirtschaft, da sie nicht nur neue Absatzoptionen eröffnet, sondern ebenso neue Berufsfelder und Anwendungsfelder für Gestalter, Ingenieure und Symbolproduzenten. So könnten das verarbeitende Gewerbe und das Handwerk mit Hilfe dieser Technologien ihre Industriestandorte überdenken und zum Beispiel Verlagerungen in die kleinteiligen Nischen der Innenstädte vornehmen.

2.4 Digitale Innovationen – Beitrag der Kultur- und Kreativwirtschaft zur digitalen Transformation

Ohne Frage kann die Kultur- und Kreativwirtschaft zu der Branche gezählt werden, die besonders fortschrittlich im Digitalisierungsprozess ist, aber auch besonders stark von den Folgen dieser Entwicklung geprägt ist. Musik, Filme, Literatur, journalistische Inhalte sind heute digital verfügbar, werden zunehmend im Internet konsumiert und brechen bestehende Geschäftsmodelle auf. Die leichte Zugänglichkeit erschwert jedoch zugleich die Verwertbarkeit von Inhalten und verändert damit Marktstrukturen und -verhältnisse.

Hinzu kommt, dass Unternehmen der Kultur- und Kreativwirtschaft in höherem Maße als andere Branchen auf den Informations- und Kommunikationstechnologien basieren (vgl. Stoneman 2010). Ihre Innovationen erhalten einen hybriden Charakter, wenn sie in Kooperation mit Akteuren anderer Branchen auf einer gemeinsamen Technologieplattform, zum Beispiel dem Internet, stattfinden. Die intensive Nutzung von digitalen Technologien und digitalen Inhalten als Lead User ermöglicht Kultur- und Kreativunternehmen einen Kompetenzvorsprung zu anderen Unternehmen und Branchen. Dies erlaubt es ihnen, bestehende Wertschöpfungsketten zu durchbrechen, sich auf Nischenmärkte zu konzentrieren und neue Erlösmodelle zu entwickeln. Hierzu gehört auch die Weiterentwicklung eines neuen Verständnisses von „Intellektuellem Eigentum" (Intellectual Property, IP) im Zuge der Kollaboration mit Zulieferern und Kunden.

Innovationstreiber im Bereich der Digitalisierung sind dabei vor allem junge, dynamische Unternehmen aus der Kultur- und Kreativwirtschaft – aus praktisch allen Teilmärkten. Umfragen zeigen, dass zwar fast alle Unternehmen einen Zusammenhang zwischen Digitalisierung und Unternehmenserfolg erkennen, aber dennoch bei mehr als der Hälfte der befragten KMU Digitalisierung nicht Bestandteil der Geschäftsstrategie ist (DZ-Bank 2014). Dabei zeigt sich bereits heute, dass Digitalisierung alle Bereiche des Lebens erreicht hat: Wirtschaft, Arbeit und unser Alltagsleben haben bereits tiefgreifende Veränderungen erfahren. Dieser Transformationsprozess hat in den vergangenen Jahren deutlich an Fahrt aufgenommen und setzt bislang erfolgreiche Geschäftsmodelle von KMU unter Druck. Ein zentraler Treiber dieser Entwicklung ist der rasante Preisverfall von Prozessoren, Sensoren und Netzwerktechnologie, die nun praktisch für alle erdenklichen Lebens- und Arbeitsbereiche einsetzbar wird. Unter dem Begriff „Internet der Dinge" wird die umfassende Vernetzung von allem und jedem über das Internet beschrieben. Eine neue Verbindung zwischen Umwelt, Mensch und Maschine war damit geschaffen. Durch die intelligente Verknüpfung von Sensoren entstehen sich selbst regulierende und organisierende Netzwerke in zahlreichen Bereichen.

Das Internet der Dinge kombiniert mehrere Elemente – Sensoren, das Internet selbst, offene Daten, günstiger Netzwerkzugang, Bluetooth, die Datenwolke, vorausschauende Werkzeuge und andere – und verweist auf eine Zukunft, in der das Internet, wie wir es heute kennen, nur noch ein kleiner Teil ist.

Schon Ende der 1980er-Jahre träumte man von einer Art Datennetz, durch das intelligente Häuser durch Sprachbefehle gesteuert werden können. Diese Häuser sind mit intelligenten Zählern gespickt und mit Breitbandanschluss versehen, was viele Fragen zur Privatsphäre und deren Kontrolle aufwarf. Heute assoziiert man mit dem „Internet of Things" mehrfache Maßstabssprünge an Kapazitäten, um physische Ströme (Energie, Wasser und Verkehr) effizienter zu lenken, dabei weniger Abfall zu produzieren und zum Beispiel Mobilität ressourcenschonender zu koordinieren: Aber die meisten dieser Leistungen sind weitgehend unsichtbar.

Nach wie vor ist die Vorstellung vom Internet der Dinge dominant, in der intelligente Kühlschranke automatisch Bestellungen abgeben, wenn sich die Milch dem Ende neigt. Das Internet der Dinge wirkt beeindruckend, noch aber sind die Vorteile und Optionen für den Verbraucher kaum wahrzunehmen. Alle können einen gewissen Nutzen in der Fernbedienung von Sicherheitssystemen, der eigenen Heizung und Licht erkennen, wir können nachvollziehen, dass mit einem Fingerabdruck Türschlösser aktiviert werden.

Die eigentliche Faszination der digitalen Transformation liegt nicht in der technischen Optimierung und Verbesserung bestehender Systeme. Das bedeutet für den Mittelstand, dass es beispielsweise nicht nur darum gehen kann, eine intelligente Steuerung und Vernetzung betrieblicher Abläufe herzustellen, um die bisherigen Prozesse schneller und einfacher umzusetzen. Vielmehr liegt das Besondere der neuen Möglichkeiten darin, Geschäftsmodelle zu erweitern, neue Zielgruppen anzusprechen und bislang unbekannte Marktnischen zu besetzen. Bislang existiert in Deutschland eine stark technikorientierte Sichtweise auf die Digitalisierung, die die Seite der Nutzer und Konsumenten dabei vernachlässigt. Neben dem technologischen Verstand braucht es daher vor allem Fantasie und Kreativität, um zu erkennen, wozu all diese technologischen Optionen in der Lage sind. Es gilt, neue Fragen zu stellen, Vorhandenes zu hinterfragen und neue Angebote für die Zukunft zu entfalten, die besser die Bedürfnisse von Nutzern, Bürgern und Konsumenten bedienen.

Gerade Akteure der Kultur- und Kreativwirtschaft können diesen grundlegenden Wandel begleiten und Veränderungen in vielfältiger Weise anstoßen. Designer, Architekten, aber auch Drehbuchschreiber und Theaterunternehmer – sie alle eint, dass sie durch eine starke Nutzerorientierung in der Lage sind, neue Nischen und Trends zu erkennen und umzusetzen. Hierzu werden heute interaktive Kommunikationskanäle eingesetzt, die potenzielle Nutzer und Konsumenten sehr eng einbinden. Damit kann es Akteuren der Kultur- und Kreativwirtschaft gelingen, Formate zu entwickeln, die mittelständische Unternehmen davon überzeugen, dass sie als Innovationspartner den digitalen Wandel im Unternehmen begleiten können. Beispiele für derartige Kooperationen gibt es bereits zahlreiche:

- Medizintechnikunternehmen werden zu Anbietern von Gesundheits-Apps und verknüpfen ihre Gerate mit mobilen Applikationen von zum Beispiel Ärzten. Möglich geworden ist das durch die Beratung von Unternehmen der Games-Branche.
- Bislang konnten kleinere Handelsunternehmen aus Kostengründen keine Smart-Data-Analyse ihrer Kundendaten durchführen. Dies führen sie nun selbst durch, indem sie Tools von externen Unternehmen nutzen.
- Klassische produzierende Unternehmen erkennen durch einen strukturierten Design-Thinking-Workshop, welche Potenziale und weitere Zielgruppen ihr Produkt eigentlich besitzt, und erweitern die Vertriebs- und Kommunikationskanäle auf affiliate-basiertes (auf Provisionsbasis) Internetmarketing.

Akteure der Kultur- und Kreativwirtschaft unterstützen damit den unternehmerischen Mittelstand dabei, digitale Schlüsseltechnologien und -kompetenzen zu beherrschen und ein neuartiges Marktverständnis zu erlangen. Diese neu gewonnene digitale Souveränität der Unternehmen gegenüber der Digitalisierung erlaubt es, Geschäftsmodelle eigenständig weiterzuentwickeln und neue Dienstleistungen anzubieten, und ist ein wichtiger Baustein in der digitalen Agenda des Bundeswirtschaftsministeriums auf dem Weg zur Digitalsierung der deutschen Wirtschaft (BMWI 2015).

Digitalunternehmen und KMU – Potenziale und Herausforderungen

Interview mit Christoph Jung, General Partner bei Holtzbrinck Ventures

Als Business Angel sucht und unterstützt er Digitalunternehmen bei der Gründung. Er betreute die Gründung und die Investition bei Unternehmen wie Dawanda oder MeinAuto.

Welchen Stellenwert hat die Digitalisierung für die Wirtschaft wirklich?

Christoph Jung: Überall dort, wo Digitalisierung stattfinden kann, wird auch Digitalisierung stattfinden. Wenn man sich diesen Satz vor Augen hält, gibt es sehr viele Bereiche, die noch fast unberührt sind von dieser Entwicklung und die sich auf große Veränderungen einstellen müssen. Es gibt aber schon Gebiete, wo die Digitalisierung und die damit verbundenen Veränderungen bereits sehr weit fortgeschritten sind. Beim Thema Reisen wurden mit zentralen Hotelbuchungsplattformen schon große Schritte unternommen, die beispielsweise die Macht großer Hotelketten deutlich reduziert und dabei die Transparenz für den Nutzer verbessert haben. Aber wir stehen im Moment immer noch ziemlich am Anfang. Besonders weit sind natürlich schon die digitalen Startups, die allerdings bisher nur wenige Berührungspunkte mit Unternehmen aus der klassischen Wirtschaft haben.

Worin unterscheiden sich die Startup-Welt der Digitalunternehmen und die der KMU?

Christoph Jung: Es gibt einen grundsätzlichen Unterschied zwischen traditionellen KMU und Unternehmen aus der jungen Digitalwirtschaft: Digitale Startups konzentrieren sich ausschließlich auf eine lukrative Nische – und das im besten Fall weltweit. Da die Kosten für das Expandieren im digitalen Bereich so niedrig sind, können sich die Unternehmen einfach auf ihren Teilbereich fokussieren und dort die Prozesse so weit optimieren, dass sie am Ende Marktführer sind. Das sieht man an Unternehmen wie WhatsApp, die momentan mit rund 60 Mitarbeitern den Markt für Instant-Messaging anführen. Das funktioniert nach dem Prinzip „Für jedes Bedürfnis eine App".

KMU arbeiten ganz anders: Sie sind immer damit beschäftigt, ihr Produktportfolio auszubauen und neue Märkte zu betreten. Ihre Stärke liegt zudem nicht in der Schnelligkeit sondern in dem Wissen, das in den Produkten liegt.

Wie gut stehen die Chancen, dass Deutschlands Wirtschaft erfolgreich den digitalen Wandel schafft?

Christoph Jung: Das Klima für Digitalunternehmen in Deutschland ist sehr gut. Das sieht man auch an dem großen internationalen Zulauf. Trotzdem muss man verstehen, dass es in Deutschland erst seit circa. zehn Jahren eine wirkliche Startup-Szene gibt. Im Silicon Valley besteht die schon mindestens 20 Jahre länger. Sehr wichtig für das Ökosystem Digitalwirtschaft sind aber auch große Tanker wie Rocket Internet von den Samwer-Brüdern. Diese Unternehmen funktionieren als Ausbildungsstelle für Gründer der Digitalwirtschaft. Entscheidend ist aber auch, dass es in Deutschland Leute gibt, die unternehmerische Weitsicht haben, ein Verständnis ihrer Zielgruppe mitbringen und dazu noch programmieren können, das heißt etwas von IT verstehen. Mit diesen Leuten ist dann auch der Spagat zu den klassischen Unternehmen aus dem Mittelstand zu schaffen.

2.5 Herausforderungen des Mittelstands, Innovationen auf den Weg zu bringen

Die Innovationsaktivitäten der KMU sind eine wichtige Triebkraft für wirtschaftliches Wachstum in Deutschland und tragen wesentlich zur Weiterentwicklung des Produktangebots und zur Steigerung der Produktivität bei. KMU treiben somit nicht nur den technologischen Wandel an, sondern sind wesentlich verantwortlich für die Wettbewerbsfähigkeit der deutschen Wirtschaft.

Im Zuge des wirtschaftlichen Strukturwandels vollziehen sich jedoch grundlegende Veränderungen hinsichtlich Wettbewerbsstrukturen, Marktentwicklung und Konsumentenverhalten – vor allem vor dem Hintergrund der zunehmenden Digitalisierung. Diese Veränderungen zwingen KMU dazu, ihre Innovationsaktivitäten neu zu organisieren und dabei offener und kooperativer zu werden. In diesem Prozess der Neuorganisation sehen sich KMU einem Bündel von Risikofaktoren gegenüber. So sind bislang die hohen Kosten eigener Forschung und Entwicklung (F&E) und das damit verbundene Risiko für KMU kaum kalkulierbar.

Dass es für KMU schwieriger wird, in diesem Umfeld zu innovieren, zeigen Daten aus der Innovationsforschung: Spielkamp und Rammer (2006) zufolge ging der Anteil der Unternehmen mit weniger als 500 Beschäftigten an den gesamten F&E-Aufwendungen des Unternehmenssektors in Deutschland bis 2005 auf zwölf Prozent zurück. Nach 2005 ist jedoch, laut Kladobra 2011 zit. in: ZEW (Zentrum für Wirtschaftsforschung)/Prognos AG (2013), eine Trendwende zu beobachten: Die Quote stieg bis 2009 wieder auf 16 % an. Außerdem wurde deutlich, dass „sich die Forschung und Entwicklung-Ausgaben der KMU in Deutschland bis Mitte der 2000er-Jahre weniger dynamisch als die der großen Unternehmen entwickelten." (Prognos AG/ZEW 2013).

Welche konkreten Hemmnisse und Hürden für KMU bestehen, um auch zukünftig ihr Innovationspotenzial umzusetzen, wurde in einer gemeinsame Studie der beiden Forschungseinrichtungen Zentrum für Europäische Wirtschaftsforschung (ZEW) und Prognos AG näher beleuchtet (2013). Die Analyse zeigt, dass es vor allem vier wesentliche Hürden gibt, die KMU in ihren Innovationsprozessen behindern:

1. Die Finanzierung von Innovationsaktivitäten. KMU fällt es schwer, Fremdkapital in Form von Bankkrediten für F&E-Aktivitäten zu erhalten, da für die Geldgeber Schwierigkeiten bestehen, den Markterfolg durch die Innovationsaktivitäten einzuschätzen. Insbesondere Innovationsvorhaben, die nicht an Investitionen in verwertbare Sicherheiten wie Maschinen geknüpft sind, stellen KMU vor große Probleme bei der Akquise von Investitionsmitteln. Eine häufig mangelnde Professionalitätkleinerer Unternehmen bei in der Finanzkommunikation mit den Banken und die Vernachlässigung des Investor Relation Managements verstärken dieses Problem.
2. Bürokratie und rechtliche Regelungen. Umfragen unter KMU zeigen immer wieder, dass das Zusammenspiel von rechtlichen Regelungen und den unternehmerischen Aktivitäten als großes Hemmnis angesehen wird. Dabei reicht die Bandbreite von administrativen Verfahren der Innovationsförderung über Zulassungs- und Genehmigungsverfahren neuer Produkte bis hin zur schutzrechtlichen Sicherung (Patentanmeldung).

3. Mangel an geeigneten Fachkräften. Der Zugang zu Fachpersonal ist
   für KMU deutlich schwieriger als für große Unternehmen, da sie jungen, talentierten Mitarbeitern meist zwar hohe Flexibilität und größere
   Freiräume, jedoch weniger Karrierechancen und finanzielle Anreize
   als Großunternehmen bieten können. Daher sind KMU in besonderem
   Maße von einer Fachkräfteknappheit betroffen, die auch ihre F&E-Ak-
   tivitäten einschränken kann.
4. Management von Innovationsprozessen. Insbesondere kleinere KMU
   sind unerfahren in der Umsetzung von Innovationsvorhaben und der
   Einschätzung des finanziellen Umfangs. Darüber hinaus gibt es vielfach Unsicherheiten bei der generellen Herangehensweise an derartige
   Prozesse. Auffällig ist, dass der Schwerpunkt der Innovationsvorhaben
   auf den technischen Entwicklungen liegt. Die Phasen von Erprobung,
   Markteinführung und die Entwicklung neuer Zielgruppen spielen häufig
   eine zu geringe Rolle.

Dieses Bündel an Hemmnissen lässt sich zudem erweitern durch
Schwierigkeiten der KMU, Wissenschaftskooperationen mit Akteuren
aus Hochschulen oder Forschungseinrichtungen einzugehen. Während
Großunternehmen derartige Kooperationen als langfristige Investition für
Innovationen und die Gewinnung von Fachkräften sehen, ist für KMU die
typische Organisationsform der wissenschaftlichen Forschung mit der stärker praxis- und umsetzungsorientierten und auf kurzfristige Ergebnisse ab-
zielenden Vorgehensweise der KMU nicht immer kompatibel.

Um Forschung und Entwicklung zu betreiben, müssen KMU hohe Fixkosten in Kauf nehmen, um die notwendige Infrastruktur zu beschaffen
und das entsprechend spezialisierte Personal einzustellen. Hinzu kommen
Fixkosten für das Management rechtlicher Schutzinstrumente für geistiges
Eigentum. Diese Fixkosten können gerade in der Startphase von Unternehmen sowie in Zeiten rückläufiger Erlöse eine beträchtliche finanzielle Be-
lastung darstellen und KMU zur Aufgabe von F&E-Aktivitäten drängen.

Junge KMU stehen aufgrund ihrer erst kurzen Marktpräsenz vor spezifischen Problemen beim Zugang zu Kapital und der Gewinnung von Kunden,
die sich aus Informationsasymmetrien, fehlender Reputation und mangelnden
Sicherheiten sowie einem wenig diversifizierten Produktangebot ergeben.

Sehr kleine Unternehmen verfügen zwar häufig über eine größere Flexibilität in der Unternehmensorganisation und können sich dadurch rascher

an veränderte Umfeldbedingungen anpassen, gleichzeitig fehlt es ihnen
häufig an Sicherheiten für Fremdkapitalfinanzierung.

Was bedeuten diese Zusammenhänge für mögliche Kooperationsprozesse zwischen KMU und Unternehmen der Kultur- und Kreativwirtschaft? Wenn schon technologieorientierte, und damit eher „klassische"
Innovationsvorhaben unter den genannten Hemmnissen leiden, dann ist
davon auszugehen, dass die Zusammenarbeit mit Partnern aus der Kultur-
und Kreativwirtschaft vor noch größeren Herausforderungen aus Sicht der
KMU steht. Hauptgrund hierfür sind die noch größeren Unwägbarkeiten
und Risiken bei einer Zusammenarbeit, die sich von bekannten Vorgehensweisen löst und damit noch schwieriger eine mögliche Verwertbarkeit ab-
schätzen lässt. Auch bestehen aufseiten der KMU nur in seltenen Fällen
Erfahrungen mit den rechtlichen Rahmenbedingungen bei Innovationsvorhaben, die nicht auf die rein technische Weiterentwicklung von Produkten
abzielt. Der Mangel an Erfahrungen im Innovationsmanagement fördert
zudem die Tendenz von Unternehmerinnen und Unternehmern, den eigenen – meist technischen – Ausbildungshintergrund als zentrale Herangehensweise in Innovationsvorhaben zu präferieren. Eine effektive Zusammenarbeit eines ingenieurgetragenen Unternehmens mit Akteuren aus der
Kreativwirtschaft ist meist mit der Überwindung von großen Unterschieden hinsichtlich Denkweisen, Kulturen und Sprachen verbunden.

Diese Hemmnisse stehen in einem Widerspruch zu den Anforderungen
zukünftiger Innovationsprozesse, bei denen es darauf ankommt, Denk-
barrieren zu überwinden, um an Schnittpunkten branchenübergreifender
Zusammenarbeit neuartige Produkte und Dienstleistungen zu entwickeln
(siehe Kap. 1.2). Damit wird deutlich, dass für den Mittelstand die große
Herausforderung darin besteht, Innovationsprozesse zu initiieren und zu
begleiten, die aus Sicht der Unternehmen am schwierigsten beherrschbar
und mit geringen Erfahrungswerten verbunden sind.

Wenn es darum geht, Förderstrategien zu entwickeln, die diese Art der
Zusammenarbeit zwischen KMU und der Kultur- und Kreativwirtschaft
stärker forcieren, dürfen diese Zusammenhänge nicht vernachlässigt werden. So kommt es darauf an, Formate und Techniken zu entwickeln, um
für Akteure aus dem Mittelstand die Vorteile und den Mehrwert derartiger
Kooperationen herauszustellen und aufzuzeigen, dass es sich lohnen kann,
Branchen- und Disziplingrenzen zu überwinden.

Literatur

Anderson, C. (2012). *Makers. Das Internet der Dinge: die nächste industrielle Revolution*. München: Hanser.

Baldwin, C., & von Hippel E. (2011). Modeling a paradigm shift: From producer innovation to user and open collaborative innovation. *Organization Science, 22*(6), 1399–1417.

Benkler, Y. (2002). Coase's Penguin, or, Linux and the nature of the firm. *The Yale Law Journal, 112*(3), 369–446.

Bundesinstitut für Bau-, Stadt- und Raumforschung (BBSR). (Hrsg.). (2011). *Kultur- und Kreativwirtschaft in Stadt und Region. BBSR-Sonderveröffentlichung*. Bonn.

Bundesministerium für Wirtschaft und Energie (BMWi). (Hrsg.). (2015). *Monitoring zu ausgewählten wirtschaftlichen Eckdaten der Kultur- und Kreativwirtschaft 2014. Bundesministerium für Wirtschaft*. Berlin.

Bundesministerium für Wirtschaft und Energie (BMWi). (Hrsg.). (2016). *Monitoring zu ausgewählten wirtschaftlichen Eckdaten der Kultur- und Kreativwirtschaft 2014. Bundesministerium für Wirtschaft*. Energie, Berlin (Kurzfassung).

Chesbrough, H. W. (2009). *Open innovation – the new imperative for creating and profiting from technology*. Boston: Harvard Business School Press.

DZ-Bank. (Hrsg.). (2014). Umfrage in mittelständischen Unternehmen zum ThemaDigitalisierung – Bedeutung für den Mittelstand im Auftrag der DZ Bank. GfK Enigma GmbH.

Friebe, H., Ramge, T. (2008). *Marke Eigenbau: der Aufstand der Massen gegen die Massenproduktion*. Frankfurt a. M.: Campus-Verl.

Fritsch, M., Kritikos, A., & Rusakova, A. (2012). Selbständigkeit in Deutschland: Der Trend zeigt seit langem nach oben. *DIW Wochenbericht, 79*(4), 3–12.

Grabher, G. (2004). Learning in projects, Remembering in networks? Communality, sociality, and connectivity in project ecologies. *European Urban and Regional Studies, 11*(2), 103–123.

Hellmann, K.-U. (2010). Prosumer Revisited. Zur Aktualität einer Debatte. Eine Einführung. In B. Blättel-Mink & K.-U. Hellmann (Hrsg.), *Prosumer Revisited. Zur Aktualität einer Debatte* (S. 13–48). Wiesbaden: VS Verlag für Sozialwissenschaften.

von Hippel, E. (2005). *Democratizing innovation*. Cambridge: MIT Press.

KfW-Bankengruppe. (Hrsg.). (2011). *Fokus Innovation: Gründungen in der Kreativwirtschaft. KfW Bankengruppe*. Frankfurt a. M.

Klotz, M. (2009). *IT-Compliance – Ein Überblick*. Heidelberg: dpunkt-Verlag.

Lange, B., Prasenc, G., & Saiko, H. (Hrsg.). (2013). *Ortsentwürfe Urbanität im 21. Jahrhundert. Jovis Berlin.* Berlin.

Piller, F., & Ihl, C. (2009). Open Innovation with Customers. Foundations, Competences and International Trends. http://www.internationalmonitoring.com/fileadmin/Downloads/Trendstudien/Piller-Ihl_Open_Innovation_with_Customers.pdf. Zugegriffen: 1. Juli 2015.

Rau, C., Neyer, A.-K., & Möslein, K. M. (2012). Innovation practices and their boundary-crossing mechanisms: A review and proposals for the future. *Technology Analysis & Strategic Management, 24*(2), 181–217.

Smagina, A., & Lindemanis, A. (2012). What creative industries have to offer to business? Creative partnerships and mutual benefits. *World Academy of Science, Engineering and Technology, 6*(11), 1774–1779.

Spielkamp, A., & Rammer, C. (2006). Balanceakt Innovation. Erfolgsfaktoren im Innovationsmanagement kleiner und mittlerer Unternehmen. Dokumentation Nr. 06-04, ZEW, Mannheim.

Stoneman, P. (2010). *Soft innovation. Economics, product aesthetics, and the creative industries.* Oxford: Oxford University Press.

von Streit, A. (2011). *Entgrenzter Alltag. Arbeiten ohne Grenzen? Das Internet und die raumzeitlichen Organisationsstrategien von Wissensarbeitern.* Bielefeld: Transcript.

ZEW (Zentrum für Wirtschaftsforschung)/Prognos AG. (2013). *Untersuchung von Innovationshemmnissen in Unternehmen – insbesondere KMU – bei der Umsetzung von Forschungs- und Entwicklungsergebnissen in vermarktungsfähige Produkte und mögliche Ansatzpunkte zu deren Überwindung.* Mannheim: Zentrum für Europäische Wirtschaftsforschung.

Zhang, D., & Di Benedetto, C. A. (2010). Radical fashion and radical fashion innovation. *Journal of Global Fashion Marketing, 1*(4), 195–205.

Rahmenbedingungen zur Schaffung von Spillover-Effekten aus der Kreativwirtschaft

3.1 Spillover-Effekte durch digitale Innovationen – Beitrag der Kultur- und Kreativwirtschaft zur digitalen Transformation

Der Kreativwirtschaft weist man im europäischen Kontext einen zentralen Mehrwert für andere Sektoren zu. Man ist sich einig in der Meinung, dass die Kreativwirtschaft imstande ist, neue Produkte herzustellen und andere Branchen sowie gesellschaftliche Sphären zu aktualisieren. Dies ist ein zentrales Thema von mehreren Dokumenten wie zum Beispiel dem Grünbuch der Europäischen Kommission „Erschließung des Potenzials der Kultur-und Kreativwirtschaft im Jahr" (2010a). Das Ziel dieses Berichts war es, einen Einblick in die Struktur und Verfahrensweisen der Spillover-Effekte der Creative Industries anhand von sogenannten Best Practices zu liefern.

Seit ca. 2010 rücken politisch motivierte Bestrebungen, „kreative Spillovers" stärker als bisher auf die politische Agenda zu setzen, in den Vordergrund. Politische Entscheidungsträger und Regionalökonomen gleichermaßen sind der Meinung, dass die Kultur-und Kreativwirtschaft bei der Bereitstellung von innovativen Prozessen unterstützt werden muss, um Spillovers zu erzeugen, die die gesamte Wirtschaft stärken.

Dabei wird die wesentliche Herausforderung der verschiedenen EU-Politiken darin liegen, Verbindungen zwischen Kreativwirtschaft mit anderen Sektoren herzustellen sowie anhand von *Best Practices* stimulierende Interaktion und Austauschprozesse unter regionalen Partnern zu fördern.

© Springer Fachmedien Wiesbaden 2016
B. Lange et al., *Kollaborationen zwischen Kreativwirtschaft und Mittelstand*, DOI 10.1007/978-3-658-11855-6_3

Die Auseinandersetzungen um das Phänomen Spillover sind nicht nur vielfältig, mitunter werden sie auch von verschiedenen Ansätzen und Investitionen, strukturelle Krisen zu bewältigen und positive Externalitäten zu erzielen, überdeckt. Dabei überlagern sich der Begriff Spillover und der Begriff Innovation. Technisch ausgerichtete Innovationen haben das Ziel, verschiedene Formen der individuellen, nationalen und volkswirtschaftlichen Verbesserung zu erzielen. Dieser Fortschrittsgedanke und das damit zutage tretende Effizienzstreben werden aber durch die global unausgeglichene Inanspruchnahme elementarer Rohstoffe (Wasser, Boden, Luft etc.) seit Dekaden infrage gestellt.

Der Begriff Spillover weist in der Verwendung in wissensökonomischen Zusammenhängen und immer öfter auch in EU-Projektzusammenhängen darauf hin, dass eine Aktion einen Impuls auf andere Bereiche und Strukturen hat. Zumeist geht mit dieser „Überschwapp-Idee" die Hoffnung einher, dass es sich dabei um positive externe Effekte handele und nicht um nachteilige. Verwendung findet der Begriff „Spillover" in internationalen Beziehungen und dabei vor allem für Phänomene innerhalb von Integrationsgemeinschaften, wo er die Auswirkungen nationaler oder übernationaler politischer Entscheidungen auf andere Bereiche beschreibt. Hauptanwendungsfeld war bislang die europäische Integration mit der Europäischen Union als Schwerpunkt.

In diesem europäischen Zusammenhang wird der Begriff vor allem im Zuge einer sogenannten Integrationstheorie verwendet. Im Kern besagt sie, dass die Implementierung bestimmter Handlungsfelder und Maßnahmen von der bestehenden EU auf andere, zum Beispiel neue Mitgliedsländer dazu führen wird, dass sich in diesen eine Neigung zur Angleichung und Integration entwickeln wird. Sektorale Integration führt zur Verflechtung mit immer weiteren Sektoren. Gleiches gilt beispielsweise für die Einführung des Euros, bei dem der Binnenmarkt im Zuge des freien Kapitalverkehrs zu einer dominanteren Entwicklung der gemeinsamen Währungspolitik und letztlich zu einer gemeinsam getragenen Kohäsion führen soll.

In ähnlicher Weise beschreibt der Begriff Spillover im Marketing die Übertragung des Images einer Ware oder einer Firma auf eine andere Ware als Übertragungseffekt. Im engeren Sinne liegt ein Übertragungseffekt dann vor, wenn das *positive* Image einer Ware oder einer Firma sich auf eine andere Ware/Firma überträgt.

Neben den meist positiven Erwartungshaltungen von intendierten und unintendierten Übertragungseffekten gilt in der Wirtschaft generell, dass im Zuge von Marktversagen diese nicht nur ineffizient und suboptimal arbeiten, sondern negative Übertragungseffekte generieren. Diese sind dann meisten Anlass für staatliche Interventionen. Derartiges Marktversagen (schlechte Qualität, Monopolstellungen, ungleiche Verfügbarkeit von Gütern etc.) ist dann Ausdruck von negativen Externalitäten. Hinsichtlich der Bewertung von positiven und/oder negativen Übertragungseffekten/Spillover stellt sich nun die Frage, durch welches privatwirtschaftliche oder staatliche Zutun sich im Zuge derartiger Regulierung überhaupt deutliche Effekte, im positiven wie negativen Sinne, ergeben können. Was heißt es, wenn sich in bestimmten Handlungsfeldern (Wirtschaft, Politik, Stadtentwicklung u. a.) nur schwache, wenig handfeste, wenig sichtbare Externalitäten zu erkennen geben?

Hier ist auch immer von Bedeutung, welches Maß an Deutlichkeit und Expressivität man einem Übertragungseffekt beimisst. Ist aus der Sicht der Stadtentwicklung das Phänomen Coworking Spaces ein wichtiges, maßgeblich, paradigmatisches, oder nur ein vorübergehendes Phänomen?

Dieser Fragestellung kann man in zweifacher Weise begegnen: Zum einen kann man unterschiedliche Übertragungseffekt-Niveaus organisieren und gewissermaßen eine Skala von „in stadium nascendi" bis hin zu „globale Dominanz" aufstellen, um die jeweilige Signifikanz zu unterstreichen und somit eine Einordnung und Strukturierung zu ermöglichen. Zum anderen kann eine strategische Ausrichtung erfolgen, bei der sich ein Akteur oder eine Institution zum Fürsprecher eines relevant werdenden Trends zu erkennen gibt und diesen noch nicht hinlänglich gehobenen Potenzialen und Übertragungseffekten zu einem höherem Maß an Sichtbarkeit verhilft. Ein aktuelles Beispiel ist das von der Montag-Stiftung „Urbane Räume" initiierte Projektwettbewerbsverfahren „Neue Nachbarschaften".

Vonseiten der politischen wie privatwirtschaftlichen Stakeholder der Kreativwirtschaft wird immer wieder der Ruf laut, die gesellschaftliche Aufmerksamkeit auf die potenzielle Rolle der Kreativwirtschaft im Aufbau einer sogenannten „Postwachstumsökonomie" zu lenken. Dabei wird unter anderem stärker für die Förderung von lokal-regionalen Entwicklungsstrategien (im EU-Fachjargon als *Smart Specialisation Strategies* bezeichnet) in den meisten Städten und Regionen plädiert.

Im Kern geht es dabei um die präzisere Clusterung der lokalen Wirtschaft, Strategien zur Gewinnung und Bindung von kreativen Unternehmern, die Schaffung neuer städtischer Arbeitsumgebungen, die Verwendung und Inanspruchnahme von katalytischen Effekten für die lokale Entwicklung und den Bau von kreativen und stimulierenden Lernumgebungen.

Die Fachdiskussion über die Präzisierung der Ansprache von Spillover in der Kultur- und Kreativwirtschaft hat bis dato den Fokus weniger auf konkrete finale Produkte, als auf wissensbasierten Effekte, die sich entlang neuer Kooperation mit Unternehmen und Akteuren anderer Branchen ergeben, gelegt.

Insbesondere die Forschungsstudie von zum Beispiel der Prognos AG und Fraunhofer ISI hat 2012 darauf hingewiesen, dass aus diesen neuen Kooperationskulturen und Kollaborationspraktiken gemeinsam mit Kultur- und Kreativunternehmen neue Märkte durch sogenannte „hybride Innovationen" eröffnet werden, die bis dato noch nicht existieren. Die Forschungsstudie von Prognos AG und Fraunhofer ISI gruppiert derartige Innovationsspillover der Kultur- und Kreativwirtschaft wie folgt (Prognos AG und Fraunhofer ISI 2012):

- *Product-Spillover*: Zum Beispiel erhöhen kreative Produkte und Dienste die Nachfrage für komplementäre Produkte in anderen Sektoren oder werden für andere Märkte adaptiert. Ein Beispiel ist die Nachfrage nach iPods aufgrund der breiten Verfügbarkeit von Online-Musik.
- *Network-Spillover*: zum Beispiel steigt die Attraktivität von Standorten aufgrund der Präsenz der Kultur- und Kreativwirtschaft.
- *Knowledge-Spillover*: zum Beispiel, wenn Lead User innovative Software nachfragen oder gemeinsam mit Zulieferern neue Lösungen entwickeln. Knowledge-Spillovers erfolgen auch über Arbeitskräftemobilität. Es ist zunächst davon auszugehen, dass die Kultur- und Kreativwirtschaft über die primären Effekte hinaus bedeutende Beiträge zur Innovationsfähigkeit der Gesamtwirtschaft leistet. Sie entwickelt direkte Innovationswirkungen mit der Umsetzung eigener Innovationen. Weiteres Wachstum entsteht durch indirekte Innovationswirkungen. So kann der Input durch Kultur- und Kreativunternehmen die Wertschöpfung in anderen Branchen befördern.

Laut mehrerer Studien, wie die von Departure aus Wien (Departure 2012), die angeführte Studie von Prognos und Fraunhofer ISI (2009), sowie Fachartikel (Simmie 2002; Simmie und Lever 2002; Owen-Smith und Powell 2004) und auch zahlreiche Anwendungs- und Best-Practice-Studien aus europäischen Ländern (siehe Literaturangebote zu Europäischen Dokumenten im Anhang), weisen Kultur- und Kreativunternehmen ein hohes Maß an Innovationsbereitschaft und Effektivität in der Herstellung von Spillover in nicht-kreative Branchen und andere gesellschaftliche Sphären auf.

Im Kern wird immer wieder darauf verwiesen, dass es Anzeichen für weitere gesamtwirtschaftliche Effekte der Querschnittsbranche Kultur- und Kreativwirtschaft gibt. Die Studien belegen, dass direkte Effekte auf die Gesamtstruktur sowie die Hybridisierung und Entstehung neuer Märkte und Geschäftsmodelle durch ihre Kollaborationsneigung und Vorleistungen (Kreativintensität) ausgelöst werden. Derartigen Praktiken wird eine Vorreiterrolle für kollaborative Geschäftsmodelle sowie für sogenannte offene kollaborative Innovationspraktiken zugeschrieben.

Welche dies konkret sind, wird aber in den wenigsten Studien benannt, ebenso wenig werden diese branchenspezifisch identifiziert. Auch auf die jeweiligen Kontextbedingungen, die entweder eine derartige Innovation und einen Übertragungseffekt provozieren, oder eben auch systematisch be- und verhindern können, wird nicht hingewiesen.

3.2 Wie können Spillover-Effekte aus der Kreativwirtschaft andere Sektoren stärken?

In den vergangenen drei bis vier Jahren hat sich die Erwartung an die Kreativwirtschaft geändert. Insbesondere seit der Drucksache der EU im Dezember 2012 soll die Kreativwirtschaft innovative Aktivitäten fördern, um Wachstum zu stimulieren und um neue Arbeitsplätze zu schaffen. Ebenso soll das sogenannte nicht-wirtschaftliche Ziel – die kulturelle Vielfalt beispielsweise – nicht verloren werden, sondern soll als wesentliches Merkmal der europäischen Kulturlandschaft erhalten bleiben.

Nach einer Zeit der „Legitimierung" für das Branchenkonstrukt Kultur- und Kreativwirtschaft, beginnend ca. im Jahr 2000, wurde es offensichtlicher, dass diese Industrien andere Branchen beeinflussen, vor allem auch gesellschaftliche Bereiche, und sie somit zu einem wichtigen Impulsgeber für die regionale Entwicklung avancierten. Spillover-Effekte wurden dadurch immer wichtiger für die Stadtentwicklung, soziale Teilhabe sowie die innovative und wirtschaftliche Entwicklung einer Region.

Konkrete Ansätze Kreativwirtschafts-Spillover durch EU-Politiken zu fördern

In den vergangenen zwei bis drei Jahren sind in ganz Europa verschiedene Initiativen entstanden, um Spillover-Effekte zu stimulieren. Zumeist beginnen sie im Zuge von konkreten sozialen Interaktionen im Verbund mit Ad-hoc-Projekten aber auch dezidiert politisch-administrativen Maßnahmen (siehe zum Beispiel das INTERREG IV C-Projekt „Cross Innovation"):

- Workshops und Seminare, um neue Ideen zu generieren
  NanoArt (2011) ist der Name einer Initiative, die Menschen aus Kunst, Design und Nanotechnologie versammelt, um Nanotechnologie-Experten kreative Inputs und neue Sichtweisen zur Seite zu stellen, um Expertise aus der akademischen Welt in andere Bereiche zu übersetzen.
- Offene Ausschreibungen für innovative Ideen und Treffen mit Investoren
  KiiCS (2012–2015) ist ein FP7-Projekt, das den Aufbau von Inkubationsprozessen mit Künstlern, Kreativen und Wissenschaftlern zum Ziel hat. Diese sollen zusammenarbeiten, um innovative Ideen mit wirtschaftlichen oder sozialen Werten zu generieren.
- Multidisziplinäre Teams, die an bestimmte Aufgaben und Problemen von KMU arbeiten
  Um multidisziplinäre Teams besser zu verstehen und steuern zu können, werden von einem der Partner des Projektes Creative City Challenge (INTERREG IVB North Sea Region, 2009–2012) die Entwicklung neuer Geschäftsmodelle und innovative Produkte vorgeschlagen, bei denen Unternehmen aus den Bereichen Fertigung, Logistik und Handel mit kreativen Talenten aus der Kreativwirtschaft zusammenarbeiten.
- Clustering von Unternehmen fördern sowie Kreativität/Design als Werkzeug für Innovation

Die Barcelona Design Innovation Cluster ist eine Initiative, die innovative Unternehmen mit Design-Services ausstatten sowie Organisationen und öffentlichen Einrichtungen dahingehend unterstützen möchte, deren Wettbewerbsfähigkeit zu erhöhen.

- Schulungsprogramme über die Anwendung von Design in Unternehmen
  Das Design-für-Business-Programm wurde von dem British Design Council mit Schwerpunkt auf KMU in verschiedenen (Non-creative-)Sektoren entwickelt. Das Programm demonstriert die praktischen Vorteile für die Unternehmen, wenn sie Design strategisch nutzen.
- Integration von user-driven Innovation in Firmenprodukten
  Electronic Arts (EA), Entwickler des Spiels „Sims 2" (es simuliert Aspekte des Lebens), entwickelte eine Partnerschaft mit H&M im Jahre 2007. Die Partnerschaft generierte Sims 2 H&M Stuff Pack, das Sims-Spieler in die Lage versetzte, eine H&M-Filiale zu entwerfen und ihre Avatare mit H&M-Kleidung auszustatten.

3.3   Kann man Spillover-Effekte messen?

Es ist allgemein bekannt, dass ein großes Problem der Handhabung von Spillover-Effekten darin besteht, dass sie in empirischen Untersuchungen nicht exakt gemessen werden können (Breschi und Lissoni 2001; Koo 2005). Krugman (1991, S. 53) stellt dabei fest:

Knowledge flows (...) are invisible; they leave no paper trail which may be measured and tracked, and there is nothing to prevent the theorist from assuming anything about [it] that she likes'.

Im Allgemeinen können zwei Perspektiven zur Messung kreativwirtschafts-spezifischer Ausstrahlungseffekte unterschieden werden:

- Erstens die Makro-Perspektive, die untersucht, wie Spillover-Effekte regionale Wachstum und regionale Produktivität beeinflussen könnten.

- Zweitens gibt es die mikro-ökonometrische Analyse, die Spillover-Effekte auf betrieblicher Ebene bewertet. Eine methodische Möglichkeit besteht darin, die Technologie-Flow-Verfahren, die Input-Output-Verbindungen zu analysieren, um zu ermitteln, wie ein Unternehmen oder eine Branche im Raum positioniert ist und wie sich Technologie-Spillover aus dem F&E-Bereich einer Firma oder einer Branche zu den übrigen Unternehmen oder Branchen verhalten.

Die dritte Möglichkeit besteht darin, den Einfluss von Technologie-Spillovers auf die Produktivität oder Innovation (vgl. dazu Koo 2005, S. 104) zu messen. Jaffe (1997, in Koo 2005 zitiert) hat allerdings zugegeben, dass es Einschränkungen in Bezug auf die ökonometrische Messung von Spillover-Effekten gibt, da sich diese nur indirekt belegen lassen. Dies gilt vor allem für die Kreativwirtschaft.

Meistens wurden Spillovers nach der Art ihrer Inhalte klassifiziert: Wissens-Spillover, Industrie-Spillovers und Wachstum-Spillovers. Wissens-Spillovers basieren auf Wissenstransfer, Industrie Spillovers auf Input-Output-Relationen in andere oder verwandten Branchen und das Wachstums-Spillover zielt auf die Erklärung der Schaffung von Wachstumsmöglichkeiten durch Handel, Beschäftigung und Marktbeziehungen ab. Neben der wirtschaftlichen (ökonometrischen) Messung haben jüngste Studien zunehmend den Fokus auf räumliche Aspekte der Spillovers gelegt (ecce 2013; KEA 2012; Arndt et al. 2012).

Die Studien in diesem Bereich haben gezeigt, dass räumliche Aspekte – in Form von Nähe und Distanz – in Zusammenhang mit den Wissens-Spillovers zu beachten sind, die sich aus den Interaktionen und Praktiken zwischen Unternehmen und kreativen Akteuren ergeben.

Geografische Nähe und geografische Cluster ermöglichen die Übertragung von relevantem Wissen durch Face-to-Face-Kommunikation sowie soziale Bindungen und andere Arten der persönlichen Interaktion, die als äußerst wichtig in diesem Prozess bewertet werden. Genauer gesagt: Je näher und je dichter Mitarbeiter und Führungskräfte von Unternehmen in Universitäten und in innovativen Aktivitäten eingebunden sind, desto vertrauensvoller gehen sie mit unfertigen Innovationen um oder erhalten Wissen, das notwendig ist, um diese rohen Ideen mit den Entwicklern kommerziell zu verwerten. So gewinnen sie einen innovativen Vorsprung gegenüber ihren Konkurrenten (Breschi und Lissoni 2001, S. 979).

Die Herausforderungen seitens des Mittelstands sowie der KMU im Besonderen sind – wie oben beschrieben – mannigfaltig, sektorspezifisch, ressourcen- und zeitabhängig sowie vom Reifegrad des Unternehmens bestimmt; eine Generalisierung fällt schwer und soll hier auch nicht vorgegeben werden.

Alternativ lässt sich eine Perspektive eröffnen, in der das neue Leitmotiv Industrie 4.0 hinsichtlich der aktuell im Fokus stehenden Idee eines *Internets der Dinge* herangezogen wird. Dabei muss geklärt werden, ob das *Internet der Dinge* nicht nur technisch in der Lage sein wird, Milliarden Geräte zu verbinden, sondern auch, ob es gelingt, zu einem hybriden *sozialen Betriebssystemen* etwas beizutragen.

Was es braucht, ist eine breite gesellschaftliche Imagination, was durch das Internet der Dinge erstellt und geschaffen werden könnte und was dafür wichtig und hilfreich wäre.

Denn nach wie vor oszilliert der Diskurs über das Internet der Dinge und Industrie 4.0 auf der einen Seite um die Angst vor den Einflussmöglichkeiten großer zentraler Datenkontrollräume, die uns in Echtzeit überwachen. Auf der anderen Seite feiern die Technikfetischisten eine neue Ära, ohne jedoch auf breiter Basis eine gesellschaftliche Position und Bedarfsermittlung mitzudenken und diese zu berücksichtigen.

Neben diesen Dimensionen gilt es erst einmal zu entdecken, wie das imaginäre Internet der Dinge soziale Bottom-up-Erkundung durch Projekte wie *Smart Citizen* (http://www.smartcitizen.me) oder *Open Corporates* (http://opencorporates.com) darstellen kann, die dabei helfen, die Aktionen der strukturell Mächtigen zu überwachen und nicht umgekehrt.

Dazu gehört auch, eine Vision des Internets der Dinge als zu *hackende* Struktur zu denken, wie wir es aus der Hardware-Hacker-Szene kennen. Dort trifft eine Do-it-yourself-Kultur auf das digitale Zeitalter und wir alle können lernen, die Datenbaupläne unsere Häuser und Autos zu hacken, sie zu programmieren, um unsere Bedürfnisse zu erfüllen und sie nicht passend in das Corporate Design globaler Konzerne einzubetten.

Auch Mischformen sind denkbar, wie verschiedene Tools für blinde Menschen, die es ihnen ermöglichen, durch die Stadt zu manövrieren. Oder betrachten wir Boston Streetbump (http://www.streetbump.org/about), ein Tool, mit dem Bürger ihre Stadt verwalten und physische Infrastrukturen mit organisieren können. Das ist eine potenziell billigere Alternative zu der Art und Weise, wie der Staat Infrastrukturen plant und realisiert.

Kurzum, neben dem technologisch Möglichen braucht es ein Mehr an Phantasie und Kreativität, zu welchem Zweck all diese technologischen Optionen weiter ihre Daseinsberechtigung in der Welt haben. Es gilt, neue Fragen zu stellen, Vorhandenes zu hinterfragen und neue Angebote für die Zukunft zu entfalten, die besser unsere Bedürfnisse bedienen.

3.4 Die Situation von Innovationsprozessen im Mittelstand: Beispiele aus Thüringen und Sachsen-Anhalt

Der Mittelstand in Thüringen und Sachsen-Anhalt weist eine erstaunliche Innovationshöhe in seinen Kerngeschäften auf. Dabei konzentrieren sich die Anstrengungen, die von den Unternehmen im Bereich Forschung und Entwicklung unternommen werden, vor allem auf den eigenen „Fachbereich". Im Einzelnen heißt das, dass F&E-Netzwerke, wo sie bestehen, technisch orientiert und in hohem Maße spezialisiert sind. Innovationen in KMU werden vor allem durch Fachmessen generiert, wobei Marketing eine große Rolle spielt.

Weist darauf hin, dass „sich im Tagesgeschäft Neuerungen über nichtstrukturiertes Kundenfeedback ergeben". Das daraus resultierende Innovationsvermögen fußt somit auf einer soliden, wenn auch relativ begrenzten Grundlage. Dabei muss man unmittelbar betonen, dass die sehr traditionelle Ausrichtung der Anstrengungen durchaus Gefahren für die Dynamik und Nachhaltigkeit für die zukünftige Innovationsfähigkeit in sich birgt.

Konkret zeigt sich dies in vielen KMU laut an einer generellen Tendenz zur Selbstüberschätzung, die auf der unrechtmäßigen Verallgemeinerung der eigenen, sehr spezifischen Innovationsleistung beruht. Will heißen: Derzeitiger Markterfolg auf der Basis technologisch innovativer Produkte und Dienste berechtigt ein Unternehmen nicht zu Erfolgsprognosen. Da der momentane Markterfolg beinahe ausschließlich auf innovativer Produktqualität beruht, muss die Innovationskraft der untersuchten Unternehmen als tendenziell nicht nachhaltig eingeschätzt werden.

In der heutigen Wettbewerbssituation muss hohe Produktqualität zwar als Grundlage gegeben sein, als alleiniger Wettbewerbsfaktor ist diese jedoch nicht ausreichend. Vor allem in den Bereichen Marketing, Public Relations, Werbung und Design weisen viele Unternehmen in Thüringen und Sachsen-Anhalt eklatante Defizite auf. Des Weiteren sind die oben beschriebenen Innovationsmethoden und -instrumente an sich nicht innovativ und deshalb ebenfalls nicht nachhaltig.

Mit anderen Worten, der mitteldeutsche Mittelstand befindet sich laut „tendenziell in einer Innovationsfalle, die sich aus dem Beharren auf die Restfunktionalität traditioneller Innovationsmechanismen und der unzeitgemäßen Engführung von F&E-Prozessen auf die technologischen Kernfragen der jeweiligen Unternehmen ergibt". Laut Olma „entsteht der Eindruck, die zunehmend zentrale Bedeutung der ‚immateriellen' Beiträge, die in Bereichen wie Marketing, Design, Branding etc. vor allem von der Kreativwirtschaft erbracht werden, sei beim regionalen Mittelstand überhaupt noch nicht angekommen!"

3.5   Innovationsperspektiven: weg vom Einzelprojekt – hin zum kreativen Ökosystem

Wie und in welcher sozialen, räumlichen und technologischen Umgebung gestalten sich diese Prozesse der Ideenfindung nach neuen Spielregeln konkret? Der Regionalökonom Gernot Grabher hat dafür den Begriff der *Project Ecologies* in die Diskussion eingebracht (Grabher 2002a, 2002b). Er beschreibt mehrheitlich temporäre Zusammenschlüsse von verschiedenen Experten zur Bewältigung von Problem- und Fragestellungen: So arbeiten beispielsweise IT- mit Rechtsexperten und Kulturwissenschaftler sowie lokale Experten an der Lösung von lokalen und regionalen Mobilitätsengpässen.

Die regionalökonomische Analyse hochinnovativer Cluster wie Silicon Valley oder Silicon Alley in New York hat auch dazu geführt, dass konkrete Räume, in denen sich mögliche innovative Prozesse vollziehen können, in den Vordergrund gerückt sind. Das Wissen solcher verdichteten städtischen Räume ist nicht in den einzelnen Unternehmen gespeichert, sondern zirkuliert – oftmals auch sehr ungerichtet – in den Köpfen der Menschen, die dort arbeiten, und in ihrer Kommunikation untereinander. Wie einzelne Unternehmen von Open Innovation profitieren, so profitieren auch ganze

Standorte und regionale Cluster davon, dass das Wissen unterschiedlicher aber verwandter Disziplinen in den offenen Austausch tritt. Dafür braucht es einen geeigneten Mix aus konkreten und virtuellen Räumen, die diese Zirkulation zulassen und begünstigen.

Offene Innovationssysteme versuchen, die bis dato als wenig innovationsrelevant eingeschätzten Akteure aufzunehmen und für die Beantwortung von konkreten Problemen fruchtbar zu machen. Es sind nicht mehr exklusive Zirkel professioneller Entwickler, Forscher und Spezialisten, vielmehr hybride Gemeinschaften zwischen Laien und Experten unterschiedlicher Disziplinen und kultureller Herkunft, die an Bedeutung gewinnen.

In gemischten Konstellationen verwischen die Grenzen zwischen Expertenwissen und Laienwissen. Charles Leadbeater hat vor einigen Jahren den neuen Typus des enthusiastischen Laien mit professionellen Ambitionen als „Pro-Am", also professionellen Amateur charakterisiert (Leadbeater 2008).

Diesen Grenzgängern zwischen den Welten und Disziplinen kommt zukünftig die Aufgabe zu, nicht nur in vertrauten Wissens- und Praxis-Gemeinschaften nach neuen Formen des Wissens zu suchen, sondern gewissermaßen in fremden eigendynamischen Peergroups. Es gilt, zu verstehen, dass diese Gemeinschaften nicht zwangsläufig auf Dauer gestellt sein müssen, sondern sich permanent neu formieren und sich neuen Herausforderungen in sodann unterschiedlichen Konstellationen stellen.

Korrespondierend mit dem Trend zur Projektifizierung der Wirtschaft manifestieren sich diese kreativen Wahlverwandtschaften in temporären Projekten, die ihre Fortsetzung an anderer Stelle finden. Der permanente „Beta"-Status ist kennzeichnend für diese verflüssigten Formen der Vergesellschaftung (vgl. Neff und Stark 2003).

Eine Schlüsselrolle nehmen dabei neue Formate des punktuellen und kontinuierlichen Austausches ein, die den Charakter sozialer beziehungsweise versteckter Innovationen tragen. Barcamps, Un-Conferences, thematische Konferenzen und Festivals entstehen aus diesen Communities heraus und bilden das vitale Zentrum für die innovative Kreativwirtschaft. Sie sind oft transdisziplinär angelegt und haben mit klassischen Branchenmessen nur noch wenig gemeinsam, erfüllen aber eine verwandte Funktion als Marktplatz für Neues. Neben diesen im Raum und in der Region verankerten Austauschformaten sind für diese Communities auch virtuelle Gemeinschaften konstitutiv. Obwohl sie sich losgelöst von realen Räumen organisieren, beziehen sie ihre soziale Kohärenz sowie ihre Protokolle der Interaktion (wie Sprachcodes, Stile, Umgangston, Grad der sozialen Nähe etc.) aus räumlich verankerten Konventionen. Das heißt, dass territoriale Gewohnheiten stärker in den Blick genommen werden müssen.

Die drei Aspekte hybride Gemeinschaften, temporäre Projekte und virtuelle Gemeinschaften bilden gewissermaßen die Eckpfeiler dessen, was man mit Blick auf die Kultur- und Kreativwirtschaft als Innovationsökologien bezeichnen könnte.

Dieser Begriff trägt der Erkenntnis Rechnung, dass Innovationen künftig noch weniger als bisher am Reißbrett und in Forschungscontainern entstehen werden, sondern aus einem intakten und hochsensiblen Ökosystem hervorgehen. Wie in der Biologie sind die qualitativen Parameter, die dieses System kennzeichnen, Diversität (Artenvielfalt), die Stärke der Austauschbeziehungen (Stoffwechselkreisläufe) und kritische Masse (Ressourcen und Nährstoffe).

Schnitt-, Kreuzungs- und Berührungsstellen, an denen unterschiedlichste Kulturen, Sprachen und Ideen aufeinanderprallen, sind für diese Innovationsökologien enorm wichtig.

Der US-Amerikaner Frans Johannsson (2004) landete bei der Suche nach Vorbildern für diesen *Clash of Disciplines* abermals in der Renaissance, genauer gesagt im Italien des 15. Jahrhunderts. Als Medici-Effekt beschreibt er das innovative Feuerwerk, das dadurch entstand, dass die wohlhabende Fürstenfamilie der Medici Bildhauer, Wissenschaftler, Philosophen, Maler, Finanzfachleute und Architekten zur Zusammenarbeit nach Florenz einlud.

Dieses erste organisierte, komplexe, kreative Milieu entwickelte eine neue Sichtweise auf die Welt – die Renaissance. Die Stadt war seit diesem Moment eine andere und begründete ein beispielloses innovatives Zeitalter. Kulturelle Heterogenität und Diversität avancierten zu zentralen Stellgrößen, neue Artefakte und innovative Sichtweisen in die Welt zu bringen. Derart gewendet sind langjährige fachliche Spezialistengemeinschaften trotz ihrer globalen Netzwerke oft heutzutage die nicht mehr zeitgemäße Antwort auf viele Probleme und fehlende Lösungswege.

Der Ansatz der Innovationsökologien – wie er programmatisch von Holm Friebe und Bastian Lange im Jahr 2011 für das Clustermanagement CREATIVE.NRW Nordrhein-Westfalen entwickelt wurde – verlangt danach, das Potenzial der kreativen Akteure grundsätzlicher als bisher aus der Branchenlogik der Kreativwirtschaft herauszulösen und auf seine Schnittstellenfähigkeit hin zu überprüfen (CREATIVE.NRW 2011). Kreative Arbeiter könnten verstärkt ihre Rolle als Spezialisten für die Organisation von Wandel wahrnehmen, wodurch neue Austauschbeziehungen zu anderen Transformationsbereichen der Gesellschaft aufgebaut werden könnten.

Die einzelnen Sub-Genres der Kultur- und Kreativwirtschaft könnten stärker daraufhin befragt werden, wie sie Innovationen in andere Wirtschaftsbereiche katalysieren und dort inspirieren könnten. Diese Sichtweise ist zweifelsohne noch nicht im Bewusstsein der Politik und der Verwaltung angekommen.

Literatur

Arndt, O., Freitag, K., Knetsch, F., et al. (2012). *Die Kultur- und Kreativwirtschaft in der gesamtwirtschaftlichen Wertschöpfungskette. Wirkungsketten, Innovationskraft, Potentiale. Kurzfassung eines Forschungsgutachtens im Auftrag des Bundesministeriums für Wirtschaft und Technologie.* Berlin: Prognos AG/ Fraunhofer ISI.

Breschi, S., & Lissoni, F. (2001). Knowledge spillovers and local innovation system: A critical survey. *Industrial and Corporate Change, 10*(4), 975–1005.

Creative NRW. (Hrsg.). (2011). Innovationsökologien: Vier Szenarios für die Kultur- und Kreativwirtschaft in NRW 2020. Düsseldorf: Ministerium für Wirtschaft, Energie, Bauen, Wohnen und Verkehr des Landes Nordrhein-Westfalen (Auftragsstudie von Holm Friebe und Bastian Lange für das Clustermanagement Kreativwirtschaft in NRW).

Departure. (Hrsg.). (2012). (Die Kreativagentur der Stadt Wien GmbH, Bettina Leidl.): Focus Kooperation. White Paper, Wien, Departure.

Europäische Kommission. (2010). Grünbuch „Unlocking the potential of cultural and creative industries". Brüssel. http://eur-lex.europa.eu/legal-content/EN/TXT/?uri=URISERV:cu0006. Zugegriffen: 8. Dez. 2015.

European Center for Creative Economy (ecce). (Hrsg.). (2013). Kultur ist der Schlüssel. Forschung. Interaktion. Forum. Innovation. European Center for Creative Economy (ecce), Dortmund.

Grabher, G. (2002a) Cool projects, boring institutions: Temporary collaboration in social context. *Regional Studies, 36*(3), 205–214.

Grabher, G. (2002b) The project ecology of advertising: Tasks, talents and teams. *Regional Studies, 36*(3), 245–262.

Johannsson, F. (2004). *The medici effect – What elephants and epidemics can teach us about innovation*. Harvard: Harvard Business School Press.

KEA. (2012). Measuring economic impact of CCIs policies How to justify investment in cultural and creative assets. KEA report, Brüssel.

Koo, J. (2005). Technological spillovers, agglomeration, and regional economic developent. *Journal of Planning Literature, 20,* 99–115.

Krugman, P. (1991). *Geography and trade*. Cambridge: MIT Press.

Leadbeater, C. (2008). *We think. Mass innovation, not mass production*. London: Profile.

Neff, G., & Stark, D. (2003). Permanently beta – responsive organisation in the Internet Era. In P. E. N. Howard & S. Jones (Hrsg.), *The Internet and American life* (S. 173–188). Thousand Oaks: Sage

Owen-Smith, J., & Powell, W. W. (2004). Knowledge networks as channels and conduits: The effects of spillovers in the Boston Biotechnology Community. *Organization Science, 15*(1), 5–21.

Prognos AG., & Fraunhofer ISI. (2012). Die Kultur- und Kreativwirtschaft in der gesamtwirtschaftlichen Wertschöpfungskette – Wirkungsketten, Innovationskraft, Potenziale. Eine Studie im Auftrag des Bundesministerium für Wirtschaft und Energie, Berlin.

Simmie, J. (2002). Knowledge spillovers and reasons for the concentration of innovative SMEs. *Urban Studies, 39*(5–6), 885–902.

Simmie, J., & Lever, W. (2002). Introduction: The knowledge-based city. *Urban Studies, 39*(5–6), 855–858.

Zwischenfazit: Kooperationsformen und Kollaborationsverfahren als Ausweg aus der Innovationskrise?

Dem Leipziger Anthropologen Tomasello und Zeidler (2010) zufolge sind Kooperationen ein natürliches Bedürfnis und somit fest in der Natur des Menschen angelegt. In seinem Buch „Warum wir kooperieren" (Tomasello und Zeidler 2010) berichtet Tomasello von Studien mit Kindern und Schimpansen, die ein neues Licht auf die uralte Frage werfen, ob wir Menschen von Geburt an egoistisch sind und durch die Gesellschaft zur Kooperation erzogen werden (Hobbes), oder ob wir von Natur aus kooperativ sind und von unserem Umfeld egoistisch gemacht werden (Rousseau). Kinder sind laut seinen Ergebnissen von Geburt an hilfsbereit und kooperativ, lernen aber im Laufe ihres Heranwachsens, eher selektiv zu kooperieren und beginnen den sozialen Normen ihrer Gruppe zu folgen. Kooperationen ermöglichen, so schlussfolgert Sennett in seinem Buch „Zusammen" (Sennett 2012), individuelle Defizite auszugleichen und neue Pfade in der Bewältigung von Problemen aufzuzeigen. Kooperationen können allerdings nicht durch Routineverhalten oder guten Willen initiiert oder erhalten werden, sondern müssen bewusst entwickelt und vertieft werden.

Dies gilt vor allem in Situationen, in denen die Kooperationspartner unterschiedlich sind, sei es nun in sozialer, wirtschaftlicher, religiöser, oder ethnischer Hinsicht. In solchen Fällen ist Kooperation oftmals eine große Herausforderung und bedarf bestimmter Fähigkeiten *Skills*), die Sennett als Handwerk (*Craft*) begreift, und die es im gegenseitigen Austausch zu erlernen gilt. So sind beispielsweise die Fähigkeiten, seinem Gegenüber in sozialen Interaktionen genau zuzuhören (listen), seine Bedürfnisse und

Anliegen zu verstehen (*understand*) und daraufhin in angemessener Weise zu reagieren (*Responsiveness*) integrale Bestandteile dieses Handwerks.

Die Basis für erfolgreiche Kollaboration liegt, Sennett zufolge, in der sozialen Lernfähigkeit und der Entwicklung von gegenseitigen kommunikativen Kompetenzen. Grundlage sind oft gemeinsame Rituale, die kontextspezifisch über einen längeren Zeitraum entwickelt werden. Diese Rituale können, je nach Kontext, verschiedenste Ausprägungen annehmen, von formellen religiösen Ritualen bis hin zu informellen physischen Gesten.

Aber wo lassen sich derartige Kulturtechniken der Kollaboration heute exemplarisch im „freien Feld" beobachten? Anders gefragt: Was eint die Aktivisten im Wohnungskampf in Madrid und die des Baumhauses in Berlin-Wedding? Was verbindet das n.a.t.u.r.-Festival in Bochum mit dem neugegründeten Coworking Spaces Betahaus in Barcelona?

Warum sind derartige Bottom-up-Aktivitäten auch für andere Wirtschaftsbereiche in Stadt und Region bedeutsam? Was verbindet die Herausforderung eines Designers mit der eines Mittelständlers und warum ist Cross-Sector Collaboration entscheidend, um sogenannte komplexe Probleme (*Wicked Problems)* zu lösen?

Seit zwei bis drei Jahren zeigt sich weltweit, dass es sich eine junge Generation zur Aufgabe gemacht, ihre vielschichtigen Erprobungsräume durch aktives Eingreifen in die Wirtschafts-, Sozial-, Bildungs- und Stadtpolitik neu zu erobern. Dort werden nicht nur Lösungen für *Wicked Problems* erdacht, sondern die Baupläne für Kollaboration, Innovation und die Gestaltung des Lebens (sic!) im Bereich von Stadt, Ökonomie und sozialem Miteinander überprüft und neu aufgelegt.

Dieser Paradigmenwechsel erzählt viel vom Scheitern der bisherigen Politik und Planung, ebenso von den großen Versprechungen der Zivilgesellschaft, der Finanzpolitik und anderer, als systemrelevant erachteten Leistungsbausteine unserer Gesellschaft im 21. Jahrhundert.

Junge Macher treten an und nutzen die Welt der Bits und Bytes, um die Welt der Atome in der Stadt neu zu ordnen. Praktiken des Hackings, die gemeinschaftliche Nutzung von Open Data zur Reorganisation des ÖPNV, die daraus erwachsenen Sharingmodelle im Bereich von Mobilität, Wohnen und anderen „unersetzlich-individuellen" Basisbausteinen eines gelingenden Lebens, spiegeln sich in neuen Matrizen des Urbanen sowie selbst organisierten Orten wider. Hybridisierte semi-öffentliche-private Räume konterkarieren die Deutungshoheiten und Definitionsgewalten der alten Stadt und ihrer Funktionseliten.

Zur Disposition steht die Frage, welche relevanten Ressourcen auf dem Weg zu Kollaboration und Kooperation benötigt werden, in denen zum Beispiel *Urban Manufacturing* nicht zum Schlagwort hipper Akteure verkommt, sondern plötzlich das Leitmotiv regionaler Wirtschaftsförderung ist. Wie kann das momentane Schlagwort des *Makers*, der Makerkulturen, seine volle Kraft entfalten und die Konfigurationen einer Transformationsregion bestimmen, beziehungsweise für den Mittelstand nutzbar gemacht werden? Welche Baupläne und sozialen Betriebssysteme müssen offengelegt (neudeutsch „gehackt") werden, damit breite Beteiligungen ermöglicht, beziehungsweise Wirtschaftsförderprozesse für diese neuen Kooperationsformen geöffnet werden?

Das sind Fragen, auf die weder Berater noch Fachwissenschaftler exklusive Antworten haben, mitunter fürchten sie gar die politische Kraft neuer dezentraler Bewegungen und votieren für mehr *Corporate* oder *Regional Leadership*.

Blickt man über den Tellerrand des oberflächlich nach wie vor ökonomisch satten Deutschlands hinaus – also außerhalb Europas (Asien, Afrika, Südamerika) –, dann offenbaren sich dabei neue Einsichten. Punktuelle Erfolgsgeschichten von Mikrokrediten in Afrika, des *Upcyclings* in den Großstädten Südamerikas und Afrikas basieren unter anderem auf innovativen sozialen Bewegungen, die mit Hilfe der sozialen Medien, Mikroressourcen und globalen Wissensnetzwerken damit beginnen, ihre je spezifische Situation zu verbessern.

Ein derartiger Bottum-up-Innovationsschub könnte gerade in Deutschland positiv dem Innovationsdruck des Mittelstands begegnen! Zahlreiche KMU haben nur unzureichende Lösungswege parat, um auf Fachkräftemangel, demografischen Wandel, die Herstellung von *Diversity* im Unternehmen adäquat zu reagieren.

Der Mittelstand ist durch eine sich stetig entgrenzende Digitalisierung getrieben, bei der Social Media Kommunikation zu einem immer schnelleren Wandel führen. Dadurch und durch einen wachsenden globale Wettbewerbs- und Konkurrenzdruck steigt die interne Erwartungshaltung, nicht nur das einmal erworbene unternehmerische Alleinstellungsmerkmal zu sichern, sondern sich im Grunde genommen neu zu erfinden.

Denn in Zukunft lautet die Frage dann nicht mehr, wie ökonomisch „erfolgreich" ein Unternehmen ist, sondern wie es in der Lage ist, sich zu den großen Herausforderungen des Zusammenlebens heterogener Gruppen, Milieus und Generationen innerhalb eines zerklüfteten Europas und globalen Wirtschaftsgefüges zu positionieren. Dies gilt auch für die Frage nach den notwendigen energetischen Ressourcen, zu denen sich alle wirtschaftlichen Subjekte zukünftig klarer und zeitgemäßer verhalten müssen.

Die Leitfrage ist dann, wie adaptionsfähig und krisenresistent Regionen mit ihrem Mittelstand sind. Wie kann durch zeitgemäße Bildungs-, Lern- und Kompetenzangebote gesellschaftliche Teilhabe gesichert werden?

Ideen, Lösungsansätze und Beiträge zur grenzüberschreitenden Vernetzung werden wichtiger denn je, wenn gerade Südeuropäer ihre Krisenregionen verlassen (müssen) und in den prosperierenden Regionen Europas Jobs suchen.

Die existierende politische, soziale und wirtschaftliche Krise in Europa sowie die punktuellen Neuentwicklungen zwingen die bis dato exklusiven suburbanen Innovationsfabriken und deren Expertensilos dazu, neu zu denken. Es muss stärker als bisher darum gehen, die zahlreichen Initiativgruppen, ihre Selbstorganisationsprozessen und Bottom-up-Planungen als soziale Innovationsprozesse anzuerkennen.

Zwischengenutzte Orte, nachbarschaftsorientierte Werkstätten, integrative Fablabs, Coworking Spaces, Urban Gardening, Hackathons, *Policy Clinics*, Nachbarschaftsgärten u. a. erzählen von der ortsspezifischen Suche nach neuen sozialräumlichen Kontexten. Es sind neue Orte, wo man sich austauschen, erproben und abseits der vorgegebenen Routinen experimentieren kann. Kollaboration wird dabei zum zentralen Schmiermittel derartiger Experimentierkontexte.

Heute ist es wiederum mehrheitlich eine jüngere Generation in technik- und kreativaffinen Milieus, die sich aufmacht, eine Machbarkeitsbehauptung zu betreiben: Dass Praktiken der Kollaboration und des Teilens nicht nur das Gute und Schöne bedienen, ehrenwert und moralisch erhebend sind, sondern dass sie gerade monetär auf längere Sicht Sinn machen, sozialen Mehrwert bieten und darüber hinaus auch noch gesellschaftlich *en vogue* sind.

Auf den ersten Blick erscheint das Offenlegen der Baupläne in Zeiten der wirtschaftlichen Krise, knapper Ressourcen, der verkürzten Halbwertzeit von Wissen sowie der Unklarheit über den nächsten Trend zunächst paradox. Wer gibt schon gerne ab, wenn er sich darum sorgt, wie der mögliche Verlust wieder aufzufüllen sein könnte und sich in Mehrwert für ihn auszahlt?

Eine stetig wachsende *Sharing Community* hat sich schon lange professionell auf den Weg gemacht, den Besitzstandswahrern ein alternatives Modell vorzuführen. Während die alten Kader der etablierten Funktionssysteme Bankenwelt, Politik und Großhandel um Steuersätze, Schuldentilgung und Kreditrettungsschirme feilschen, hat sich auch zum Beispiel der Automotivsektor dem Sharing und dem Teilen verschrieben. Diese oben benannten innovativen Kollaborationsformen finden nicht nur in bekannten Bereichen von Ökologie, Ernährung oder Softwareentwicklung statt, sondern exemplarisch in der Automobilität.

Bei *Local Motors* in Detroit arbeitet eine virtuelle Gruppe an Autoentwicklungen, welche durch *Crowdfounding* zu realen Fahrzeugen werden. Man kollaboriert beim Prototyping von zukunftsfähigen Autos und teilt das Wissen im Zuge der Bewertung anderer Ideen.

Auf *Tamyca* teilen die User ganz konkret ihre eigenen Autos in der direkten Nachbarschaft. Insgesamt wächst die Gruppe an Menschen, die lieber Autos teilen als sie zu besitzen, so dass auch BMW und Daimler-Benz mit „car2go" und „drivenow" darauf setzen, ihre Modelle nicht nur zum Kauf, sondern auch zur flexiblen Miete anzubieten.

Kollaboration avanciert zu einer Grundbedingung von Innovationsökologien (CREATIVE.NRW 2011). Teilen als Ausdruck selbstbestimmter gesellschaftlicher Praxis bedroht nicht die erworbenen Wissensformen, ihre Güter und Infrastrukturen, es optimiert sie und schafft soziale Mehrwerte zwischen Menschen und Unternehmern mit ähnlichen Zielen und Einstellungen.

In diesen Communities wird relativ unideologisch und praxisnah nach alternativen Formen der Wissensproduktion gesucht. Die Suche nach Lösungswegen aus der gegenwärtigen Krise ist also schon in vollem Gange. Bleibt eigentlich nur zu fragen: Was hält uns überhaupt noch auf dem alten Weg?

Literatur

Creative NRW. (Hrsg.). (2011). Innovationsökologien: Vier Szenarios für die Kultur- und Kreativwirtschaft in NRW 2020. Düsseldorf: Ministerium für Wirtschaft, Energie, Bauen, Wohnen und Verkehr des Landes Nordrhein-Westfalen (Auftragsstudie von Holm Friebe und Bastian Lange für das Clustermanagement Kreativwirtschaft in NRW).

Sennett, R. (2012). *Together: the rituals, pleasures and politics of cooperation.* New Haven: Yale University Press.

Tomasello, M., & Zeidler, H. (2010). *Warum wir kooperieren.* Berlin: Suhrkamp.

Analysen von Initiativen zur Verbesserung von kooperativen Innovationsprozessen

Die vorangegangenen Kapitel zeigen, welches Potenzial in einer quantitativ und qualitativ stärkeren Kollaborationstätigkeit zwischen Unternehmen der Kultur- und Kreativwirtschaft und anderen mittelständischen Unternehmen liegt. Gerade mit Blick auf den steigenden Wettbewerb mittelständischer Unternehmen und den zunehmendem Innovationsdruck bei neuartigen Lösungen, die Produkte im Service- und Designbereich ergänzen, haben Unternehmen der Kultur- und Kreativwirtschaft besondere Problemlösungskompetenzen, die zukünftig stärker genutzt werden müssen. Derartige cross-sektoralen Innovationsprozesse gelten als besonders Erfolg versprechend bei der Schaffung neuartiger und wettbewerbsfähiger Produkte und Dienstleistungen.

Bislang gilt es jedoch, zahlreiche Hürden zu überwinden, um derartige Kooperationen zu etablieren. Um genau diese Hürden abzubauen und das gemeinsame Innovationspotenzial anzuregen, gibt es in Deutschland Bestrebungen, durch gezielte Förderinitiativen diese Kooperationstätigkeit anzuregen. Hierzu muss einerseits bei Unternehmen aus anderen Branchen das Verständnis für die Möglichkeiten und Potenziale der Unternehmen der Kultur- und Kreativwirtschaft aufgebaut und somit eine Nachfrage nach Leistungen erzeugt werden. Andererseits ist Kreativ-Akteuren eine stärker anwendungsorientierte Sichtweise zu vermitteln, um neue Märkte und Zielgruppen zu erreichen.

Der Freistaat Thüringen und das Bundesland Sachsen-Anhalt haben als eine der ersten Länderinitiativen auf diese neuen Anforderungen reagiert und derartige Modellprojekte in den Jahren 2013/2014 in die Praxis umgesetzt. Im Folgenden werden die Ergebnisse einer begleitenden

© Springer Fachmedien Wiesbaden 2016   61
B. Lange et al., *Kollaborationen zwischen Kreativwirtschaft und Mittelstand*, DOI 10.1007/978-3-658-11855-6_5

Untersuchung der beiden Modellprojekte mit dem Ziel dargestellt, konkrete und nutzbare Erkenntnisse zu erarbeiten, um bestehende Förderinitiativen weiterzuentwickeln, beziehungsweise um Hinweise für Akteure zu geben, um neue Initiativen zu implementieren, die branchenübergreifende Potenziale aufgreifen. Diese Analyse wurde dank des RKW Thüringen möglich. Dieses Kapitel bezieht sich daher im besonderen Maße auf die im Auftrag des RKW Thüringen durchgeführte Untersuchung.

5.1 Formen der Förderung von cross-sektoralen Innovationsprozessen

Um branchenübergreifende Innovationsprozesse anzuregen und Hilfestellung zu geben, damit neuartige Partnerschaften zwischen Unternehmen gebildet werden, existieren bislang unterschiedliche Unterstützungsformate.

Der jeweils spezifische Hintergrund zum Einsatz des Förderprogramms lässt sich im Wesentlichen auf drei grundsätzliche Motive zurückführen:

1. Wirtschaftswachstum durch verbesserte Wettbewerbsfähigkeit der KMU
2. Beschäftigungsförderung in der Kultur- und Kreativwirtschaft und
3. Mehrwerte durch soziale Innovationen.

Je nach gewähltem Fokus lassen sich Förderprogramme und auch die Auswahl der geförderten Projekte ausrichten.

Weiterhin muss unterschieden werden, ob die Zielsetzung des Förderprogramms zum Beispiel durch die Unterstützung von Unternehmensgründungen eher langfristig ausgerichtet ist oder es um eine möglichst kurzfristige Erhöhung der Nachfrage nach kreativen Dienstleistungen geht.

Entscheidend ist auch ein Bewusstsein für das beabsichtigte und letztendlich erreichte Ausmaß der Innovation. Je nach den Bedürfnissen und Erwartungen der Partner variieren die Innovationsziele von konventionell bis experimentell. Hiermit geht in der Regel ein niedrigerer oder höherer Ressourcenbedarf einher. Für KMU kann das Ziel von Kollaborationen mit der Kreativwirtschaft darin bestehen, Unterstützung bei der – einfacher zu erreichenden – Differenzierung bestehender Angebote und Produkte zu erhalten. Um die Potenziale für tatsächliche Produkt- und Prozessinnovation zu heben, sind jedoch im Rahmen von Förderansätzen größere Investitionen und finanzielle Ressourcen notwendig.

Verfolgt ein Förderprogramm die Absicht, Produkt- oder Prozessinnovationen hervorzurufen, neigen die ausgewählten Projekte zu folgenden Charakteristika: Sie sind experimenteller, sie haben weiter gefasste Innovationsziele, es sind weniger parallel verlaufende Projekte und das Arbeitsverhältnis ist kooperativer geprägt.

Sind die Fördersummen relativ niedrig, die Projekte konkreter und konventioneller und das Arbeitsverhältnis ähnlich dem eines gewöhnlichen Dienstleistungsverhältnisses, animiert das Programm zur Differenzierung. Dies kann gleichermaßen positive Effekte auf Wirtschaftswachstum und Beschäftigung haben, mildert jedoch das Potenzial für grundlegende Innovationen.

Vor dem Hintergrund der verschiedenen Zielstellungen und Ausgestaltungsmöglichkeiten lassen sich verschiedene Förderansätze unterscheiden, die nach wie vor in sich großen Gestaltungsspielraum haben und teils miteinander kombiniert werden. So gelten Innovationsgutscheine als gängiges Instrument zur Unterstützung von Innovationen *innerhalb* der Kultur- und Kreativwirtschaft und zur Unterstützung von Innovationen *in anderen Branchen*. In Deutschland gibt es beispielsweise mit dem Innovationsgutschein C in Baden-Württemberg einen derartigen Förderansatz, der Innovationen innerhalb der Branche der Kultur- und Kreativwirtschaft fördert. Mit einer Förderhöhe von bis zu 5000 € pro Gutschein werden Unternehmen der Kultur- und Kreativwirtschaft gefördert, wenn sie neue und innovative Produkte und Dienstleistungen auf den Markt bringen wollen und hierfür Unterstützung brauchen.

In einer anderen Größenordnung hinsichtlich der Fördersummen bewegt sich das Innovationsgutschein-Programm in Österreich. Unter dem Titel „aws impulse XS" und „aws impulse XL" werden mittelständische Unternehmen adressiert, die mit Hilfe von Kreativwirtschaftsunternehmen die Einführung neuer, innovativer Produkte testen und entwickeln wollen. Die beiden Teilprogramme unterscheiden sich darin, dass einerseits Projekte unterstützt werden, die sich noch in der vormarktlichen Phase (aws impulse XS) oder bereits in der Markteintrittsphase befinden (aws impulse XL). Für diese Phase der Produktentwicklung stehen pro Kooperationsprojekt bis zu 200.000 € zur Verfügung, das Förderprogramm aws impulse

XS stellt für Machbarkeitsanalysen und Prototypenentwicklung bis zu 45.000 € Fördermittel zur Verfügung.

Ein anderer Ansatz besteht darin, die gezielte Anbahnung von Kooperationen zwischen Akteuren der Kultur- und Kreativwirtschaft und KMU zu fördern. Hierbei werden Vermittler tätig, die den konkreten Bedarf bei KMU erkennen und passfähige Kreativdienstleister filtern und vermitteln. Unter dem Schlagwort Matchmaking wird dieser Ansatz im folgenden Kapitel näher dargestellt.

Ein Förderansatz, der stärker in die Öffentlichkeit ausstrahlt, ist die Ausgestaltung öffentlicher Wettbewerbe, bei denen sich potenzielle oder bereits gestartete Kooperationsprojekte bewerben. Prämiert werden besonders innovative Projekte, die im Zuge einer Prämierung öffentlich vorgestellt werden. Häufig dürfen auch im Rahmen derartiger Wettbewerbe die Preisträger mit einem entsprechenden Logo werben.

Im Folgenden werden zwei Modellprojekte als Fallbeispiele herangezogen und dargestellt, in welcher Form derartige Kooperationsprozesse etabliert und unterstützt werden können. Außerdem wird anhand von konkreten Unternehmensbeispielen aufgezeigt, wie sich die Förderung in den einzelnen Fällen ausgewirkt hat, welche Erfolgsfaktoren bestehen und wo die Hemmnisse und Hürden lagen.

5.2 B2B-Förderung: Thüringen – „KMU-kreativ"

Methodik, Prozess und Verfahren

Im Freistaat Thüringen wurde im Jahr 2013 die Initiative „KMU-kreativ" gestartet, mit der die Anbahnung von Kooperationen zwischen Akteuren der Kreativwirtschaft und kleinen und mittleren Unternehmen anderer Branchen unterstützt wurde. Durchgeführt wurde das Förderprogramm von der Thüringer Agentur für Kreativwirtschaft (Thak) unter dem Dach der RKW Thüringen GmbH. Konkretes Ziel der Förderinitiative war es, Unternehmen klassischer Branchen darin zu unterstützen, mit Hilfe von Kreativen neuartige Produkte und Dienstleistungen zu entwickeln. Die Hauptzielgruppe waren folglich KMU, die bislang keine oder kaum kreativwirtschaftliche Leistungen in Auftrag gegeben haben. Grundannahme war, dass kreativwirtschaftliche Dienstleistungen dazu beitragen können, Wachstums- und Innovationsprozesse in der Industrie anzuregen. Da Thüringen über eine starke industrielle Basis verfügt, die hauptsächlich durch KMU geprägt ist, sollte die Initiative dazu beitragen, die Innovationsfähigkeit dieser Unternehmen zu stärken.

Belegt wurde diese Annahme durch eine im Vorfeld durchgeführte Analyse, in der konkrete Innovationsdefizite bei Thüringer Unternehmen identifiziert worden sind, die sich durch kreativwirtschaftliche Dienstleistungen vermindern lassen können. Eine wesentliche Voraussetzung für den Erfolg der Initiative war, dass der spezifische Mehrwert der Unternehmen aus der Kultur- und Kreativwirtschaft für die eigentliche Zielgruppe der KMU bekannt war. Daher fanden vor Beginn Informations- und Netzwerkveranstaltungen statt, die im Rahmen von Unternehmerstammtischen und Kaminabenden durchgeführt wurden. Hier wurden bereits erste Kontakte geknüpft, mögliche Projektideen für kooperative Innovationsprozesse vorbesprochen und regionale Wirtschaftsförderer von der Idee überzeugt.

Die Initiative KMU-kreativ wurde als ein Business-to-Business-Programm (B2B) angelegt, bei dem die Unternehmen mittels einer Potenzialanalyse mögliche Schwachstellen identifizieren und neue Geschäftsmöglichkeiten erarbeiten. Dieses zentrale Element des Beratungsansatzes wurde als ganztägiger Workshop konzipiert. Neben den durch die Initiative getragenen Innovations- und Strategieberatern nahmen leitende Akteure des betreffenden Unternehmens teil. Ziel war es, neue Geschäftsansätze zu entwickeln, bei denen Kreativdienstleister eine Rolle spielen. So nahmen die Moderatoren in einem ersten Workshop eine Vogelperspektive ein und sprachen offen über mögliche Schwachstellen und Defizite im Unternehmen. In einem zweiten Workshop wurde konkret über mögliche Lösungsansätze zu den identifizierten Problemen gesprochen. Die Fragestellungen, die hier diskutiert werden, decken ein breites Spektrum ab, darunter Themen wie:

- Prozessgestaltung: Wie kann man Fertigungsprozesse effizienter gestalten?
- Prozessvisualisierung: Wie kann man Fertigungs- und Kommunikationsprozesse einfach darstellen und internen oder externen Partnern schnell zugänglich machen?

- Unternehmenskultur/interne Kommunikation: Wie erhält oder erschafft man eine stabile Unternehmenskultur, mit der sich Interne und Externe identifizieren können?
- Wissensmanagement/Informationsarchitektur: Wie schafft oder erhält man Wissen, das personenungebunden der Firma zur Verfügung steht, auf das selbstständig zugegriffen werden kann und das sich durch den Input der Mitarbeiter weiterentwickelt?
- Nachhaltigkeit: Was geschieht mit Material, das Unternehmen in der Produktion nicht verwenden, das übrig bleibt? Wie kann es weiter- oder anders genutzt werden?
- Nutzer-/Zielgruppenanalyse und Konzeption: Wer sind mögliche Nutzer eines Produkts oder einer Dienstleistung? Welche Anforderungen stellen diese?

Der nächste Schritt konzentrierte sich auf das Zusammenführen von passfähigen Unternehmen der Kultur- und Kreativwirtschaft und dem betreffenden Unternehmen. Dank der engen Vernetzung der Thüringer Agentur für Kreativwirtschaft (THAK) mit lokalen und regionalen Unternehmen der Kreativwirtschaft konnten den Unternehmen Kreativdienstleister vorgestellt werden, die zum jeweiligen Problem und der Unternehmenskultur passten. Neben dieser direkten Vermittlung gab es jedoch auch öffentliche Ausschreibungen für spezifische Kreativdienstleister durch die beratenen Unternehmen.

Mit der Zusammenführung der möglichen Innovationspartner endeten meist die Beratung und die finanzielle Unterstützung durch die THAK. Die konkrete Umsetzung der Innovationsvorhaben wurde im Folgenden von den beiden Partnern individuell und eigenständig durchgeführt. Bei Bedarf konnten die Unternehmen jedoch weiterhin auf die Unterstützung der Potenzialberater zurückgreifen.

5.3   Beispiele etablierter Innovationspartnerschaften

IGH Automation GmbH

Das Ilmenauer Unternehmen *IGH Automation* entwickelt und vertreibt Software für die Qualitätskontrolle in verschiedensten industriellen Fertigungsbetrieben. Mit dem eigens entwickelten „Advanced Quality Inspektion system" (kurz AQIs) – einem modularen, datenbankgestützten Client-Server-System – verfügt das Systemhaus für Fertigungsoptimierung und Fabrikautomation über ein äußerst umfassendes und komplexes Produkt. Bislang wurde die Software hauptsächlich bei Herstellern von Baumaschinen und Schienensegmenten eingesetzt. Darüber hinaus besteht für die Anwendung der Software in vielen weiteren Branchen ein hohes Marktpotenzial. Das Unternehmen war schon seit längerer Zeit auf der Suche nach einem Weg, die Möglichkeiten der Software bildhaft und überzeugend für potenzielle Kunden darzustellen. Bislang existierten innerhalb des Unternehmens hausinterne Lösungen, die jedoch nur teils überzeugen konnten. Das komplexe Leistungsspektrum des Unternehmens und dessen Darstellung wurde bis dato jeder der einzelnen Zielgruppen in gleicher Form vermittelt, so dass potenziellen Kunden die tatsächliche Reichweite und der Nutzen der Software vielfach erst nach der Kaufentscheidung deutlich wurde.

Im Rahmen des Modellprojekts hat sich das Unternehmen entschieden, die Potenzialberatung sowie die Unterstützung bei Identifikation und Ansprache eines geeigneten Kommunikationsexperten in Anspruch zu nehmen.

In einem ersten Workshop mit den Beratern der THAK wurde versucht, die Herausforderungen und Fragestellungen des Unternehmens zu strukturieren. Der Workshop wurde in einer Art und Weise umgesetzt, der von allen Beteiligten als sehr gewinnbringend eingeschätzt wurde und in dem grundsätzlich verschiedene mögliche Ansatzpunkte reflektiert wurden. Es stellte sich im Verlauf heraus, dass IGH Automation möglichst kurzfristige und konkrete Ergebnisse für die oben angesprochene Problemstellung benötigte, so dass im Rahmen eines zweiten Workshops bereits Kreativdienstleister eingeladen wurden, um die Umsetzung anzugehen. Hierfür wurden vom Team des KMU-kreativ-Projekts aus Sicht des Unternehmens zwei sehr passfähige Kreativunternehmen ausgewählt, die in der Folge mit der Umsetzung der Aufgaben beauftragt sind.

Im Ergebnis entstanden neue Akquisematerialien, die in ansprechender und zielgruppengerechter Form der Komplexität des Produkts gerecht wurden. Zugleich wurde deutlich, dass im Rahmen der Zusammenarbeit mit einem Dienstleister der Kultur- und Kreativwirtschaft die Stärken und Kompetenzen der Kultur- und Kreativunternehmen erkannt wurden. Das Unternehmen hätte nicht aus eigener Kraft eine derartige Lösung der angesprochenen Aufgabe in entsprechend hoher Qualität und Anmutung entwickeln können.

Unterstrichen wurde zudem, wie wichtig die Vorauswahl möglicher Kooperationspartner durch das Team von KMU-kreativ für das Unternehmen ist. Angesichts der früheren betriebsinternen Einschätzung, dass die Suchkosten und das Risiko nicht zufriedenstellender Ergebnisse zu hoch sei, hat das Unternehmen bislang davon absehen, sich intensiver mit dem Thema zu beschäftigen.

IOSONO GmbH Die *IOSONO GmbH*, die im Jahr 2004 als Spin-off des Fraunhofer-Instituts für Digitale Medientechnologien (IDMT) in Ilmenau gegründet wurde, bietet Soundtechnologien im Premiumsegment an. Für IOSONO ist daher die Schnittstelle zwischen Musikern und der Entwicklung von Soundtechnologie ein wichtiger Punkt. Die Nutzbarmachung von kreativen Dienstleistungen für die Weiterentwicklung im Unternehmen liegt daher nahe.

Im Zuge des starken Wachstums der Firma in den vergangenen Jahren stellten sich zahlreiche organisatorische Fragen zur internen Organisation der Arbeitsabläufe und der Prozessketten. Darüber hinaus stand die Frage im Raum, wie die Firma ihre starke Innovationsfähigkeit aufrecht erhalten könne. Für die Geschäftsführung war es daher wichtig, eine Unternehmenskultur zu schaffen, die offen für neuartige Ideen ist und eine innovationsfördernde Wirkung entfaltet.

Vor diesem Hintergrund nahm das Unternehmen an der Förderinitiative teil. Themen, die im Rahmen der Beratung diskutiert wurden, waren zum Beispiel die Meeting-Kultur, die organisatorische Unterstützung beim Ressourcen-Management oder neuartige Methoden der schnellen und unkomplizierten Entwicklung von Prototypen.

In einem ersten Potenzialworkshop wurden verschiedene Ansatzpunkte für eine Unterstützung des Unternehmens durch Kreativdienstleister priorisiert. Ziel des Kooperationsprojekts sollte es sein, eine Vermarktungsstrategie für den Geschäftsbereich „Professionelles Audio" zu entwickeln und diesen mit kreativen und innovativen Ideen zu erweitern. Weiteres Ziel ist es, überzeugende „Showreels" – also Vorführräume – in den wichtigen Zielmärkten von IOSONO zu errichten. Hierfür kommen vornehmlich

Kreativdienstleister aus den Bereichen Sounddesign und Eventorganisation in Frage.

Im Verlauf des Prozesses zeigte sich, dass der Prozess des gemeinsamen Reflektierens und Entwickelns neuer Strukturen neben den eigentlichen Ergebnissen zudem die Mitarbeitermotivation deutlich gestärkt hat.

Die Begleitung durch KMU-kreativ zeigte positive Effekte in verschiedenen Bereichen: So halfen die Workshops, die gewünschte Unternehmenskultur in Richtung Offenheit und Innovationsfähigkeit stärker zu verankern. Weiterhin ergaben sich durch die Einbindung in andere Netzwerke neue Kontakte zu Akteuren aus der Kreativwirtschaft, die für die Weiterentwicklung hilfreich sein werden. Darüber hinaus wurde dem Team und der Geschäftsführung deutlich, welchen konkreten Mehrwert die Dienste und Produkte der Kultur- und Kreativwirtschaft für ihr Unternehmen haben können. Man schätzt, dass diese gestiegene Aufgeschlossenheit gegenüber Unternehmen der Kreativwirtschaft zu einer zukünftig höheren Nachfrage nach kreativwirtschaftlichen Dienstleistungen und Produkten führen wird. Als sehr zentral wurde im Rahmen der Beratung die konkrete Vermittlung der auf die jeweilige Fragestellung passfähigen Unternehmen aus der Kreativwirtschaft bewertet. Die „richtigen" Unternehmen für die richtige Fragestellung auszuwählen, fällt besonders kleineren Unternehmen aufgrund beschränkter Zeitbudgets schwer.

Dr. Thiel GmbH Die Dr. Thiel GmbH fertigt Netze und Planen aller Art an, die zum Teil zum Zwecke der Ladungssicherung und -abdeckung genutzt werden und zum Teil als Grundkomponenten für die Konstruktion von Fangzäunen, Netzhallen und Windbreakern dienen. Das Unternehmen konnte sich in den vergangenen Jahren eine wichtige Stellung auf dem Markt erarbeiten und exportiert heute rund ein Fünftel seiner Produkte. Insgesamt wird knapp die Hälfte der Planen erst nach Anforderung als Sonderanfertigung hergestellt. Wichtigste Kundengruppe des Unternehmens sind bislang Speditionsbetriebe, die jedoch zunehmend rückläufige Umsätze generieren. Demgegenüber steht eine Umsatzzunahme im Internetgeschäft, bei dem es darauf ankommt, die teils sehr speziellen Produkte einer breiteren Kundengruppe zu kommunizieren und die hohe Qualität der Produkte zu verdeutlichen.

Zentraler Ansatzpunkt für die Nutzung der Förderinitiative KMU-kreativ war die notwendige Professionalisierung des Onlineshops hinsichtlich Navigation, Suchmaschinenpositionierung, und Produktdarstellung.

Im Vorgespräch mit dem Projektteam von KMU-kreativ sowie in der daraufhin stattfindenden Potenzialanalyse mit dem Geschäftsführer des Unternehmens wurde dem Unternehmen aufgezeigt, welche Möglichkeiten durch die Einbindung von Akteuren der Kultur- und Kreativwirtschaft bestehen. Insbesondere die Umsetzung einer stärker auf Emotionen basierten Produktdarstellung überzeugte die Vertreter des Unternehmens. Dabei war die hohe Vermittlungskompetenz des Teams der Förderinitiative von entscheidender Bedeutung im Zuge der Umsetzung des Projekts. Insbesondere die Fähigkeit, schnell die Problemlagen des Unternehmens zu verstehen und gleichzeitig die Bandbreite an Lösungswegen zu kennen, war für den Geschäftsführer von besonders großem Wert.

Es zeigte sich, dass der Beratungsansatz der Potenzialanalyse im Sinne einer kritischen Reflexion des bisher Erreichten eine sehr wichtige Etappe im Rahmen des Projekts war. So wurde dem Unternehmen gezeigt, wo bislang unerkannte Herausforderungen und Problemlagen bestehen. Außerdem ermöglichte dieser Ansatz einen kritischen Vergleich mit Wettbewerbern.

Im Ergebnis wurden zwei Arbeitspakete gebildet, die im Rahmen eines Kooperationsprojekts bearbeitet werden sollen: Zunächst soll das Logo der Firma weiterentwickelt werden und im weiteren Verlauf der Onlineshop einer grundlegenden Überarbeitung unterzogen werden.

Hierfür wurden vier Unternehmen vom Team von KMU-kreativ vorgeschlagen, die auf große Zustimmung aufseiten des Unternehmens stießen. Im Ergebnis wird nun schrittweise das Logo des Unternehmens überarbeitet, um die Wiedererkennbarkeit des Unternehmens zu erhalten. Außerdem wird der Onlineshop durch einen festangestellten Mitarbeiter betreut und damit professionalisiert.

Im Gespräch wurde deutlich, dass die Förderinitiative wichtige Impulse für die Geschäftsführung des Unternehmens gegeben hat. So wurde erwähnt, dass der Workshop und die Gespräche mit dem KMU-kreativ-Team eine neue Perspektive auf das Unternehmensportfolio ermöglichte.

Durch den im Rahmen des Projekts erzielten Erkenntnisgewinn über die Potenziale der Kultur- und Kreativwirtschaft ist zudem davon auszugehen, dass zukünftig die Hemmschwelle deutlich niedriger ist, Unternehmen der Kultur- und Kreativwirtschaft für ähnliche Fragestellungen zu beauftragen.

5.4 Öffentliche Wettbewerbe: Sachsen-Anhalt – „BESTFORM-Award"

Methodik, Prozess und Verfahren

Der BESTFORM-Wettbewerb in Sachsen-Anhalt startete im Jahr 2013 mit der öffentlichen Bekanntmachung und dem Aufruf an potenzielle Kooperationspartner, sich mit innovativen Ideen, die im Rahmen von Kooperationsprojekten bearbeitet werden, zu bewerben. Ziel des Wettbewerbs ist es, die Bekanntheit der Kreativwirtschaft innerhalb und auch außerhalb von Sachsen-Anhalt zu steigern und zudem eine Vernetzung mit anderen Branchen voranzutreiben. Außerdem soll das Potenzial der Branche als Impulsgeber für andere Branchen erhöht werden. Daher besteht die Aufgabe des Wettbewerbs auch darin, Unternehmen anderer Branchen – hauptsächlich der Industrie – für den Mehrwert kreativwirtschaftlicher Leistungen, das heißt für die Chancen und Möglichkeiten, die sich durch die Zusammenarbeit mit Vertreterinnen und Vertretern der Kreativwirtschaft für die eigenen Unternehmensaktivitäten ergeben können, zu sensibilisieren. Schließlich soll die Auslobung der Awards eine Impulswirkung für die Entwicklung neuer, innovativer Produkte, Systeme und Dienstleistungen entfalten.

Mit Blick auf seine konkrete Umsetzung zielt der Wettbewerb auf eine Honorierung und Unterstützung herausragender (noch zu realisierender) Ideen und Konzepte für die gemeinsame Entwicklung von Produkten, Systemen und Dienstleistungen sowie von Kommunikationsstrategien. Durch die Schaffung einer Plattform zur Vernetzung von Akteuren der Kreativwirtschaft und anderen Branchen sollen neue Partnerschaften initiiert und Vorbehalte gegenüber „Kreativen" abgebaut werden. Darüber hinaus dient die Auslobung von BESTFORM der Identifikation von Good-Practice-Beispielen, die für die Öffentlichkeitsarbeit heranzogen werden können.

Für die Umsetzung des BESTFORM-Wettbewerbs ist die Investition- und Marketinggesellschaft Sachsen-Anhalt verantwortlich, die im Rahmen ihrer branchenorientierten Fördermaßnahmen bereits im Vorfeld zahlreiche Aktivitäten für die Kultur- und Kreativwirtschaft umgesetzt hat. Zentraler

Ansatz war dabei immer, den Fokus darauf zu legen, die Stärken des Standorts Sachsen-Anhalt bekannt zu machen.

Der eigentliche Wettbewerb startete in den beiden Durchgängen mit einer offiziellen Auftaktveranstaltung, bei der zu Bewerbungen aufgerufen wurde. Beteiligen können sich Kreativunternehmer aus Sachsen-Anhalt, die mit Partnern in der Wirtschaft zusammenarbeiten. Bewerbungen müssen gemeinsam eingereicht werden und können Ideen beschreiben, die noch nicht umgesetzt worden sind. Aber auch Produkte und Dienstleistungen, die bereits auf dem Markt sind, dürfen als gemeinsames Kooperationsprojekt unter der Voraussetzung eingereicht werden, dass der Markteintritt noch nicht länger als zwei Jahre her ist.

In einem weiteren Schritt bewertet eine Jury die Beiträge anhand der sechs Kriterien Qualität der Idee, Innovationsgrad, Qualität der Partnerschaft, wirtschaftliches Potenzial, Nachhaltigkeit und Nutzen. Dabei wurde darauf geachtet, dass die Jurymitglieder verstärkt selbst aus der Kreativbranche kommen. Die besten Einreichungen werden mit drei Preisen zwischen 5000 und 10.000 € prämiert. Zudem werden auch Förderpreise vergeben, bei denen die Preisträger Gutscheine für Coachings erhalten. Im Rahmen einer offiziellen Preisverleihung in Anwesenheit des Wirtschaftsministers des Landes werden die prämierten Unternehmen ausgezeichnet.

Da ein Schwerpunkt des Wettbewerbs auf der Vermarktung und der öffentlichkeitswirksamen Darstellung der Kultur- und Kreativwirtschaft in Sachsen-Anhalt liegt, wird die Berichterstattung über die Abschlussveranstaltung und die Preisträger intensiv vonseiten der IMG Sachsen-Anhalt begleitet. Zahlreiche Artikel in Zeitungen und Online-Medien erschienen im Anschluss an den Wettbewerb.

Als zentrale Rahmenbedingung für die erfolgreiche Umsetzung des Wettbewerbs wurde die Einbindung von externen Partnern im Vorfeld der Auftaktveranstaltung gesehen. Hierfür wurden KMU, Unternehmensverbände und andere Vertreter der klassischen Wirtschaft angesprochen, um möglichst hochwertige Bewerbungen zu erhalten.

Ansatzpunkt war es, durch die Ansprache von KMU und Unternehmensverbänden, die Relevanz des Themas stärker in der klassischen Wirtschaft zu verankern, um hierdurch hochwertige Bewerbungen zu erhalten. Zudem wurden Multiplikatoren von Hochschulen und Kammern angesprochen. Es stellte sich heraus, dass über die Einbindung der offiziellen

Partnerinstitutionen hinaus eine intensive persönliche Ansprache einzureichender Kooperationsvorhaben notwendig ist.

Beispiele für etablierte Innovationspartnerschaften *Entwicklung und Einsatz von mobilen Toiletten für Entwicklungsländer*

Das Kooperationsprojekt zwischen der Industriedesignerin *Mona Mijthab* und der *Gesellschaft für Internationale Zusammenarbeit (GIZ)* hatte zum Ziel, eine Trockentoilette für Entwicklungsländer zu entwickeln, bei der Nachhaltigkeit, Kostengünstigkeit und ein hoher Nutzen im Vordergrund stehen. Die entwickelte Toilette ist Teil eines Kreislaufsystems, bei dem Sammlung, Transport, Abfallbeseitigung und Weiterverwendung der Abfälle als Düngemittel oder Biogas einfließen. Das Ergebnis fußt auf einer langjährigen Zusammenarbeit zwischen der freischaffenden Designerin und der GIZ. Die GIZ versuchte, das Potenzial von Designansätzen für die Entwicklung einer Lösung für sanitäre Probleme in Entwicklungsländern fruchtbar zu machen.

Während ihres Auslandsaufenthalts in Bangladesch forschte die Industriedesignerin an neuen Technologien zur Verbesserung der Sanitärsituation. Aus den damaligen Vor-Ort-Untersuchungen (Befragungen, Test von Funktionsmodellen etc.) entstand eine reale Produktenwicklung, welche die Designerin im Rahmen ihrer Bachelor-Arbeit weitergeführt hat. Unterstützung erhielt sie hierbei insbesondere von Wissenschaftlern aus dem Bereich Materialforschung der Hochschule Magdeburg-Stendal.

Auf der Grundlage dieser Vorarbeiten wurden in Zusammenarbeit mit einem Magdeburger Unternehmen mit Schwerpunkt Modell- und Formenbau Ende 2011 ein erster Prototyp sowie Gussformen entwickelt, mit welchen eine Kleinserie in Bangladesch aufgelegt werden sollte. Angesichts unzureichender Produktionsergebnisse, die nicht zuletzt auf kulturelle Hürden zurückzuführen waren, erfolgte eine Umstellung auf ein alternatives Produktionsverfahren, wobei hierfür ein deutsches Unternehmen gewonnen werden konnte. Seit 2013 liegt ein funktionales Produkt vor. Diese mobile Trenntoilette wurde ebenfalls mehrere Wochen in Kenia getestet. Die Arbeiten konzentrierten sich zum einen auf die Überprüfung der Funktionalität unter Alltagsbedingungen, zum anderen wurden kulturelle Akzeptanz und zentrale Aspekte des Sanitärkreislaufs untersucht.

Aktuell forscht die Industriedesignerin an einem Logistikkonzept für den Sanitärkreislauf, welcher neben der Herstellung und dem Vertrieb der Toiletten auch das Sammeln und die Entsorgung der Fäkalien einschließt. Ziel ist es, ein für lokale Kleinstunternehmen attraktives Gesamtkonzept zu entwickeln und damit die Basis für den breiten Einsatz der mobilen Sanitärlösung zu legen. Sowohl die Industriedesignerin als auch der heutige Projektverantwortliche bei der GIZ beschreiben die gemeinsame Zusammenarbeit als sehr gut und vertrauensvoll.

Entwicklung und Design eines kettenlos betriebenen E-Bikes Ziel des Kooperationsprojekts war die Weiterentwicklung und das Design eines bestehenden Prototypen eines kettenlosen E-Bikes, das im Rahmen eines Forschungsprojekts entstanden ist. Es bestand der Anspruch, die angestrebte innovative Wirkung des E-Bikes im Design des Fahrrads abzubilden.

Festzuhalten ist, dass eigene technologische Entwicklungen bislang nicht im Fokus der strategischen Ausrichtung des Unternehmens *MIFA* standen. Daher war die Zusammenarbeit mit Hochschuleinrichtungen und die gemeinsamen Entwicklungsaktivitäten eine völlig neue Erfahrung.

Im Rahmen der Kooperation wurden durch die Einbeziehung des Designs neue technische Entwicklungen des kettenlosen Antriebs beigesteuert. So kam im Projektverlauf beispielsweise der Wunsch auf, „das Kettenlose" noch deutlicher zu zeigen. Bis heute stehen MIFA und der Designer in engem Austausch miteinander, auch im Kontext weiterer Projekte.

Aus Sicht von MIFA bestand eine der Herausforderung darin, zum einen mit Ingenieuren und zum anderen mit einem Designer zusammenzuarbeiten. Jeder sei auf seinem Gebiet sehr spezialisiert und wolle das Beste herausholen. MIFA musste hier nach eigenen Aussagen immer wieder ein bisschen „bremsen" und die teils sehr hohen Ansprüche der Partner austarieren. Beispielsweise muss der Motor des E-Bikes nicht allen Anforderungen in Höchstmaß genügen und muss bezahlbar bleiben. Denn das wichtigste Ziel war von Anfang an die Marktfähigkeit des Produkts.

Wie der MIFA-Verantwortliche erläutert, hat man sehr von der Zusammenarbeit mit dem Designer profitiert. Den Lerneffekt macht er zum Beispiel daran fest, dass man bei MIFA nun den Aspekt Formensprache bei Entwicklungen wesentlich gezielter „mitdenkt", während man dies früher wohl eher nur unbewusst tat.

Entwicklung eines industriellen 3D-Infrarot-Scanners Bei der Firma *AiMESS* handelt es sich um einen weltweit führenden Anbieter von Dienstleistungen im Bereich der 3D-Messtechnik. Hintergrund der Zusammenarbeit mit Industriedesignern der Magdeburger Firma *faktor m* bildete die Entwicklung des 3D-Infrarot-Scanners „R3Dscan". Aufgrund der hohen Kosten für ein solches Messgerät stand fest, dass ein derart technologisch hochkomplexes Investitionsgut in ein klares, präzises und verständliches Design verpackt werden sollte. Hierfür wurde eine Zusammenarbeit mit der Firma faktor m eingegangen.

Im Ergebnis dieser Zusammenarbeit entstand ein wesentlich kleinerer Prototyp des 3D-Infrarot-Scanners. Die Einsparung von Material und Volumen führt nicht nur zu einem optimierten Strahlengang beim Messvorgang, sondern geht vor allem auch mit einem vereinfachten Handling aufgrund des deutlich geringeren Gewichts einher. Beim ersten Prototyp waren fast noch alle Teile gefräst, beim zweiten gibt es nun mehrere Formbauteile.

Die beiden Designer haben den ersten Prototyp vor Ort bei AiMESS besichtigt und diesen gemeinsamen mit dem dortigen Entwicklerteam auf Baugruppen heruntergebrochen. Die Treffen lassen sich nach Darstellung der Kooperationspartner als Arbeitsphasen-Präsentationen umschreiben, die auf ein Zusammenführen von unterschiedlichen Lösungen an einem Produkt abzielten. Auf der eigentlichen Arbeitsebene bestand zudem ein enger und intensiver Austausch mit dem Konstrukteur von AiMESS. Insgesamt haben etwa vier Personen eng zusammengearbeitet: der Entwicklungsleiter und der Konstrukteur sowie die beiden Designer.

Der Kern des Know-hows der beiden Designer besteht nach Ansicht des Forschungs- und Entwicklungsleiters von AiMESS darin, dass sie sich sowohl tiefgehend in den Konstruktionsbereich eindenken können, als auch ihr eigenes Handwerk sehr gut verstehen. Die Relevanz dieser Verschneidung beider „Welten" zeigt sich zunehmend auch in der Entwicklung von Software-Lösungen. So gibt es heute nicht mehr die klassische Trennung zwischen Entwurfs- und Konstruktionsprogrammen, sondern vielmehr einheitliche Plattformen. Mit klassischen Designertools kann man heutzutage Datensätze ausschreiben, die jedes andere CAD-System verarbeiten kann. Die Grenze zwischen den Tools sei heutzutage nicht mehr existent.

Im Hinblick auf Designfragen war AiMESS bereits in hohem Maße sensibilisiert. So sind Aussehen, Ergonomie, Gewicht etc. stets wichtige

Faktoren bei der hauseigenen Entwicklung und Konstruktion von Baugruppen. Dabei stellt sich das Unternehmen dem Anspruch, dass die Produkte durch eine hohe Wertigkeit und Anmutung gekennzeichnet sind. Trotz dieser internen Überzeugung und Ausrichtung der Produktentwicklung ist man im Falle des 3D-Infrarot-Scanners davon überzeugt, dass man die Optimierung des Gehäuses ohne die Zusammenarbeit nicht in gleicher Qualität hätte umsetzen können.

5.5 Erfolgsfaktoren und Lerneffekte

Aus der Betrachtung der beiden Förderansätze und der Fallbeispiele lassen sich Schlussfolgerungen und Erfolgsfaktoren ableiten, die im Folgenden dargestellt werden:

Mehrwert der Kultur- und Kreativwirtschaft erkennen und kommunizieren Zunächst ist festzuhalten, dass im Rahmen des BESTFORM-Wettbewerbs eine intensive mediale Begleitung stattgefunden hat, die einen wichtigen Beitrag dazu geleistet hat, die Kultur- und Kreativwirtschaft bekannter zu machen und die Möglichkeiten und Innovationspotenziale hervorzuheben. Gerade für kleinere Unternehmen und Solounternehmer ist die öffentliche Aufmerksamkeit eine sehr wichtige Folge der Auszeichnung. Die dauerhafte Bezeichnung des Unternehmens als Preisträger eines öffentlich durchgeführten Wettbewerbs schafft zusätzlich Vertrauen zu potenziellen Kunden.

Auch bei KMU-kreativ spielte die Sensibilisierung und Kommunikation des Mehrwerts der Kultur- und Kreativwirtschaft eine wichtige Rolle. Hier zeigte sich, dass bereits frühzeitig die Einbindung von Unternehmensnetzwerken und Clustern anderer Branchen notwendig ist, um tatsächlich eine branchenübergreifende Vernetzung und Unterstützung herzustellen. Ein entscheidendes Kriterium hierfür ist eine Art der Kommunikation, die die Akteure der Kultur- und Kreativwirtschaft als wirtschaftsorientierte Innovationspartner darstellt und dadurch keine Missverständnisse hinsichtlich kultureller Aspekte entstehen. Letztlich müssen sowohl kreativwirtschaftliche Akteure und Akteure der klassischen Branchen ihr gewohntes Vorgehen durchbrechen, damit ein Aufeinanderzugehen erreicht werden kann.

Einbettung der Förderprogramme in das regionale wirtschaftliche Öko-systeme In beiden Beispielen wurde deutlich, dass eine enge Einbettung der Akteure des Programms wesentlich über den Erfolg entscheidet. Daher sollten bereits vor dem eigentlichen Beginn des Förderprogramms Allianzen mit Akteuren aus Hochschulen, Verbänden und Innungen gebildet werden. Weiterhin sollte man angesehene Akteure (Geschäftsführer etc.) als „Gesichter" beziehungsweise „Botschafter" gewinnen, um die Wertigkeit der Kultur- und Kreativwirtschaft im Innovationsprozess auch in anderen Branchen zu verdeutlichen.

Außerdem sollte man dafür sorgen, dass die Förderprogramme in einer funktionierenden Verweisstruktur eingebettet sind. Das heißt, dass die verschiedenen Institutionen, die Unternehmen zu Innovationsförderung beraten, die Förderbedingungen der branchenübergreifenden Unterstützungsmöglichkeiten kennen und bei Bedarf empfehlen.

Erwartungen an mögliche Innovationsziele klären Bei der Entwicklung von Cross-Sector-Förderprogrammen muss im Vorfeld definiert werden, wie hoch der Innovationsgrad der geförderten Projekte sein soll. Je nach Vorstellung variieren die Innovationsziele von konventionell bis experimentell. Hiermit geht in der Regel ein niedrigerer oder höherer Ressourcenbedarf einher. Dieser Zusammenhang ist im Zuge der Entwicklung eines Förderprogramms zu beachten. Verfolgt ein Förderprogramm die Absicht, Produkt- oder Prozessinnovationen hervorzurufen, neigen die ausgewählten Projekte zu folgenden Charakteristika: Sie sind experimenteller, sie haben weiter gefasste Innovationsziele, es sind weniger parallel verlaufende Projekte und das Arbeitsverhältnis ist kooperativer geprägt. Sind die Fördersummen relativ niedrig, die Projekte konkreter und konventioneller und das Arbeitsverhältnis ähnlich dem eines gewöhnlichen Dienstleistungsverhältnisses, animiert das Programm zur Differenzierung. Dies kann gleichermaßen positive Effekte auf Wirtschaftswachstum und Beschäftigung haben, mildert jedoch das Potenzial für grundlegende Innovationen.

Zu berücksichtigen ist zudem, dass auch aus „einfachen" Fragestellungen im Kooperationsprojekt mit der Zeit komplexere Partnerschaften und Produktentwicklungen entstehen können, die durch ein derartiges Förderprogramm initiiert wurden. Ein Ziel kann es daher sein, die „versteckten"

Innovationseffekte für alle Beteiligten im Nachgang sichtbarer zu machen, um so erfolgreiche Kooperationen besser öffentlich zu kommunizieren.

Wettbewerbliche Elemente führen zu innovativeren Projekten Förderprogramme, bei denen sich Kooperationsprojekte bewerben müssen und eventuell sogar in offener Konkurrenz zu anderen Projekten stehen, erhöhen den Innovationsgrad der geförderten Projekte – unter der Voraussetzung, dass eine Prämierung eine hohe Attraktivität und Anziehung für die Teilnehmer mit sich bringt. Denkbar ist zum Beispiel ein Ausschluss von im Zeitablauf weniger erfolgsversprechenden Kooperationen oder, im Gegenteil, eine Ausweitung der Finanzierung oder anderweitige Belohnung für führende Projekte. Dies hat in der Regel positive Auswirkungen auf den Wissenstransfer zwischen einzelnen Projekten, eine aktivere Feedbackkultur und das Streben nach kontinuierlicher Verbesserung.

Inspirierende Beispiele zur Förderung von Innovationskollaborationen

6

6.1 Überblick über die Förderlandschaft

Im diesem Kapitel werden weitere, vergleichbare Projektansätze in Deutschland und europäischen Nachbarländern eingebunden. Die darauf aufbauenden Empfehlungen geben Städten, Regionen und Ländern konkrete Hinweise, wie das Zusammenspiel von Kreativwirtschaft und Mittelstand im Zeitverlauf gewinnbringend entwickelt werden kann. Im Folgenden werden nationale und europäische Beispielfälle vorgestellt. Das Feld der Förderung von Cross-Sector Innovation wird in Deutschland und Europa mit einer Reihe von Instrumenten bestellt. Eine Reihe verschiedener Mechanismen und Steuerungsansätze kommt dabei zum Tragen.

Das Kapitel gibt auf Basis der untersuchten Fallbeispiele:

1. einen Überblick über die Förderlandschaft und Steuerungsmechanismen sektorübergreifender Kooperationsinstrumente.
2. Die untersuchten Fallbeispiele werden steckbriefartig dargestellt, auf Trends und Treiber, Erfolgsfaktoren und Herausforderungen geprüft.
3. Die Ergebnisse leiten über zu den Handlungsempfehlungen in Kap. 7.

Ausgehend von regionalen Herausforderungen und Innovationsbedarfen unterscheidet sich die Entwicklung der Ansätze hinsichtlich der Kreativwirtschafts- oder Mittelstandsfokussierung sowie der zeitlichen und örtlichen Verdichtung. Kreativwirtschaftsakteure erproben Wege, wie die eigenen Angebote und Leistungen gegenüber anderen Branchen an Sichtbarkeit gewinnen können und verstanden werden:

© Springer Fachmedien Wiesbaden 2016
B. Lange et al., *Kollaborationen zwischen Kreativwirtschaft und Mittelstand*, DOI 10.1007/978-3-658-11855-6_6

- Mittelstandsakteure öffnen sich in Richtung Kreativwirtschaft unter zunehmendem Innovationsdruck.
- Werkstatt- und Workshopformate in ländlichen Räumen kreieren eine kritische Masse über die zeitliche und räumliche Verdichtung.
- International ausgerichtete Formate unterstützen die Mobilität und helfen bei Internationalisierung.

Hinsichtlich der Stellschrauben nutzen die vorliegenden Formate unterschiedliche Mechanismen. Die Fallbeispiele machen die Mehrebenen-Perspektive deutlich, auf der die Ansätze basieren. Die (Förder-)Instrumentarien setzen an verschiedenen Ankerpunkten an. Wie eingangs dargestellt, sind vor allem die drei Elemente *Brokerage*, *Space* und *Events/Formate* zentrale Treiber und Leitkriterien für erfolgreiche Innovationskooperationen. Diese tauchen in unterschiedlicher Intensität jedoch meist überlappend auf. *Broker* brauchen unterstützende Veranstaltungsformate. Veranstaltungen brauchen kreative und offene Räume und Werkstattsituationen. Räume wiederum brauchen *Broker* und Bespielungsformate.

6.2   Neue Orte und Räume für Innovationskooperationen

GRÜNE WERKSTATT WENDLAND – Lüchow-Dannenberg
Die Grüne Werkstatt Wendland ist Projekt, Plattform und Prototyp in einem. Die Initiatoren der Grünen Werkstatt sind Künstler, Unternehmer, Kaufleute, Bürger, Vertreter der Kreisverwaltung Lüchow-Dannenberg und der Wirtschaftsförderung. Ihr Ansatz ist konkret: Im Landkreis Lüchow-Dannenberg gibt es ein Netzwerk innovativer kleiner und mittelständischer Unternehmen und eine starke Basis lokaler Initiativen und Vereine, aber keine Universitäten und Designhochschulen, die Know-how und junge Talente in gemeinsame Forschungs- und Entwicklungsprojekte vor Ort einbringen können.

Solche Kollaborationen, die kreative Ideen, Entwürfe, Produkte und Services hervorbringen und verknüpfen, werden jedoch immer wichtiger, da diese Innovationen ganz wesentlich zur weiteren Wettbewerbsfähigkeit und Zukunftsfähigkeit von Regionen und Unternehmen beitragen.

Die Grüne Werkstatt Wendland baut diese Verbindungen auf. Mit ihren Schwerpunktthemen Kreativität, Nachhaltigkeit, demografischer Wandel und Austausch von Stadt und Land stellt sie sowohl die weitergehenden wie auch grundlegenden Fragen: Wie wollen wir in Zukunft leben? Und: Wie können wir in Zukunft leben?

Rolle der Partner/Institutionelle Aufstellung
Das Wendland Design Camp führt kreative Studierende und regionale Unternehmen zusammen. In diesem Projekt profitieren beide Parteien voneinander. Die Grüne Werkstatt Wendland fungiert hierbei als Vermittler. Die Studierenden haben die Gelegenheit, praxisnah Erfahrungen zu sammeln, Projekte vom Entwurfsprozess bis zur Prototypenreife zu bearbeiten und Kontakte für die Zukunft zu knüpfen.

Ziel ist es, dass aus den Entwürfen umsetzungsreife, innovative und nachhaltige Produkte für das Wendland entstehen. Anders als bei den zahlreichen Design-Wettbewerben, bei denen die Teilnehmer alle Rechte am eigenen Entwurf abgeben müssen, wird beim Wendland Design Camp ein Vertrag vereinbart, der die Gestalter partnerschaftlich bei der Umsetzung beteiligt.

Warum ist dies ein innovatives Format?
Mit der praktischen und disziplinübergreifenden Zusammenarbeit setzt die Grüne Werkstatt Wendland gemeinsam mit Hochschulen und Unternehmen ein neuartiges Kooperations-Modell um.

Theorie und Praxis, Innovation und Nachhaltigkeit, Technik und Design werden ergebnisorientiert miteinander kombiniert: In den Formaten Workshop und Wendland Camp, mit jährlich wechselndem Themenschwerpunkt, können Studierende ihr Wissen in Projekten erproben, die direkt mit der Forschung und Entwicklung von Unternehmen verknüpft sind.

Das Spektrum der beteiligten Branchen reicht dabei von Maschinenbau über Nahrungsmittel und Innenraumgestaltung bis zu Einzelhandel und öffentlichen Einrichtungen. Genauso vielfältig wie die Unternehmen sind auch die Aufgabenstellungen: Sie reichen von der Entwicklung neuer Vertriebs- und Verpackungskonzepte über Interfacegestaltung und -programmierung bis hin zu Mobilitäts- und Energielösungen für den ländlichen Raum.

Für die Unternehmenspartner eröffnet die Kooperation die Möglichkeit, Fragestellungen auch unkonventionell und ohne den eigenen Binnenblick anzugehen. Gleichzeitig wird der Kontakt zu Disziplinen und jungen Talenten hergestellt, die anders nur schwer zu erreichen sind. Aus der Zusammenarbeit können wiederum interessante und für beide Seiten erfolgversprechende Semester- und Abschlussprojekte entstehen.

Erfolge und zukünftige Herausforderungen
Wie können Unternehmen aus dem Wendland mit jungen Designerinnen und Designern an den Universitäten der großen Städte zusammenarbeiten?

Wie entstehen dadurch nachhaltige und innovative Produkte und Services, die das Know-how der ansässigen Betriebe mit der Kreativität und dem Ideenreichtum der Nachwuchstalente verbinden?

Kann man so auch überregional auf den Landkreis aufmerksam machen, langfristige Kooperationen aufbauen und qualifizierte Arbeitskräfte gewinnen? Welche Rolle spielen Kunst und Kultur dabei?

Die Grüne Werkstatt Wendland hat Antworten auf viele dieser Fragen gefunden, indem sie konsequent auf innovative Kooperationsformate setzt. Durch die zeitlich verdichtete Zusammenarbeit von Unternehmen und jungen Talenten in einer ungewohnten Umgebung wird Raum zum Experimentieren und Probieren geschaffen. Der intensive soziale Austausch zwischen den Unternehmen und Kreativen ermöglicht das Initiieren von Innovationsprozessen, die in einem anderen Umfeld so schwer zu reproduzieren sind.

Website: www.gruene-werkstatt-wendland.de

GARAGE48 – Tallinn, Estland

Garage48 ist eine in Estland beheimatete Eventreihe, bei der es darum geht, innerhalb von nur 48 h ein Produkt oder eine Geschäftsidee zu entwickeln.

Die Events, die in der Regel von Freitagnachmittag bis Sonntagabend abgehalten werden, funktionieren wie eine Art zeitlich verdichtete Ideenwerkstatt beziehungsweise „Hackathon", bei der jeweils über 100 internationale Teilnehmer aus verschiedenen Bereichen wie Software Development, Design oder Marketing mit anderen Veranstaltungsteilnehmern in einem kollaborativen Verfahren Ideen vorschlagen und danach aktiv entwickeln.

Rolle der Partner/Institutionelle Aufstellung

Das Eventformat Garage48 wurde im April 2010 vom *Estonian Startup Leaders Club* ins Leben gerufen und richtet sich hauptsächlich an Startup-Gründer und zukünftige Unternehmer aus den Bereichen IT, Internet und Design. Zu den Sponsoren gehören unter anderem renommierte IT-Firmen wie Microsoft. Nachdem Garage48-Events zu Beginn nur in Estland veranstaltet wurden, gibt es diese mittlerweile auch in anderen Ländern, vor allem in Nordeuropa und Afrika.

Warum ist dies ein innovatives Format?

Garage48 ist eine Mischung aus Startup-Bootcamp und IT-„Hackathon" und zielt darauf ab, innerhalb eines zeitlich hochkomprimierten Formates neue Ideen zu entwickeln und präsentable Ergebnisse zu erzielen.

Zu Beginn der Veranstaltung am Freitagnachmittag stellen die Teilnehmer in einem großen Raum etwa 30 bis 40 Anfangsideen vor. Diese werden anschließend zur Wahl gestellt. Schließlich werden ungefähr zehn bis 15 Ideen zur weiteren Bearbeitung ausgewählt. Am Ende des Workshops am Sonntagabend werden dann die Ergebnisse der gemeinsamen Arbeit im Plenum vorgestellt.

Erfolge und zukünftige Herausforderungen
Ein wesentlicher Erfolg der Eventreihe ist die Schaffung einer Kooperationsplattform für Gründer und Kreative aus den Bereichen IT, Design etc. Das Projekt hat darüber hinaus wesentlich zu einer erhöhten öffentlichen Wahrnehmung der Startup-Szene in Estland beigetragen. Es hat außerdem gezeigt, dass es möglich ist, in einem sehr begrenzten Zeitrahmen und mit finanziell begrenzten Mitteln durch Kooperationsformate innovative Ideen zu entwickeln, die als Grundlage für erfolgreiche Unternehmensgründungen dienen können. Es kann als positives Beispiel gelten, um auch in anderen Ländern Europas entsprechende Formate zu entwickeln.
Website: www.garage48.org

BALTAN LABORATORIES – Eindhoven, Niederlande
Die Baltan Laboratories in Eindhoven vereinen innovative Forschung und Kreativität. Das Forschungslabor, welches 2008 gegründet würde, erkundet die Schnittstelle zwischen Kunst, Wissenschaft und Technologie, um zukunftsweisende Tools, Anwendungen und Ideen zu schaffen.

Rolle der Partner/Institutionelle Aufstellung
Das Labor entwickelt Forschungsprojekte und öffentliche Aktivitäten für lokale und internationale kreative Praktiker. Es unterhält eine Vielzahl strategischer Kooperationen mit lokalen, nationalen und internationalen Organisationen, Instituten, Schulen und Unternehmen. Dadurch werden neue Wege der Zusammenarbeit gefördert und es ergeben sich neue Möglichkeiten für Talententwicklung und kreative Innovation. Gefördert wird Baltan Laboratories mit Mitteln der Stadt Eindhoven und anderer öffentlicher Quellen.

Warum ist dies ein innovatives Format?
Baltan sieht das Labor als eine Art zu arbeiten. Es ist sowohl eine Netzwerk- als auch eine Methodik für die Erstellung und den Austausch neuer Konzepte, Instrumente und Wissen. Baltan ist eine flexible, kollaborative

Plattform für zukünftiges Denken, das Kunst- und Designforschung in den
Mittelpunkt seiner Aktivitäten rückt. Dabei konzentriert sich die Arbeit
oftmals auf die spekulativen und immer noch unwirklichen Aspekte von
technologischen, künstlerischen und gestalterischen Möglichkeiten.
Website: http://www.baltanlaboratories.org/

MAISONS DE MODE – Lille/Roubaix, Frankreich
Das Projekt „Maisons de Mode" (MdM) ist ein von den französischen
Städten Lille und Roubaix ins Leben gerufenes Projekt, bei dem junge
Modelabels und Designer die Möglichkeit erhalten, sich in renovierten In-
dustriearealen und Boutiquen für einen bis zu 24 Monate langen Aufent-
halt niederzulassen. Neben der Bereitstellung von Arbeitsräumen und der
Möglichkeit, ihre Mode einer breiten Öffentlichkeit zu präsentieren, erhalten die ca. 30 ausgewählten Modemacher die Option, an personalisierten
Coaching-Angeboten von professionellen Industrie-Experten teilzuneh-
men. Voraussetzung für eine Teilnahme am Projekt ist neben der nachzu-
weisenden erfolgreichen eigenen Portfolio-Entwicklung im Modebereich
die Bereitschaft, die eigenen Geschäftstätigkeiten in den entsprechenden
Stadtbezirken von Lille und Roubaix anzusiedeln.

Rolle der Partner/Institutionelle Aufstellung
Das MdM-Projekt wurde von den Städten Lille und Roubaix initiiert und
wird daneben von der Metropolregion Lille, dem Conseil Régional Nord-
Pas de Calais und der Europäischen Union gefördert. Es wird von einem
eigens gegründeten Verein und einem Sekretariat von zwölf Personen ver-
waltet. Dabei reichen die Aktivitäten über die Bereitstellung von passenden
Räumlichkeiten für die Designer hinaus. Zielgerichtete Trainingsangebote
im Bereich der Professionalisierung von Geschäftsideen und Hilfestellun-
gen bei Finanzierungs- und Rechtsfragen und der direkte Kontakt zu ansässigen Textilunternehmen und Universitäten sorgen für einen Austausch
zwischen den verschiedenen Akteuren und schaffen somit die Grundlage
für Kooperation und Innovation.

Warum ist dies ein innovatives Format?
Der innovative Charakter des Projekts „Maisons de Mode" besteht in der
Verbindung der Förderung von jungem Gründergeist und innovativen Ge-
schäftsmodellen mit explizit stadtentwicklungspolitischen Aufgaben. Das
Beispiel verdeutlicht, dass es möglich ist, ortsbezogene Zielsetzungen

wie die Revitalisierung von Entwicklungsquartieren und „Place Making" – zum Beispiel die Schaffung eines gemeinsamen Brandings – mit einer zielgerichteten und erfolgreichen Gründerförderung zu kombinieren.

Erfolge und zukünftige Herausforderungen
Das Projekt „Maisons de Mode" hat es national und international bereits breite Aufmerksamkeit erregt. Die EU hat das Projekt innerhalb eines Interreg IVC Reports zum Thema „Creative Industries" als Best-Practice-Beispiel identifiziert. Die zentrale Herausforderung für die Zukunft wird jedoch darin bestehen, die Aktivitäten durch Stärkung der lokalen und globalen Netzwerke zu stabilisieren, um die Modebranche langfristig in den beiden Stadtgebieten zu verankern.
Website: http://www.maisonsdemode.com/en/

6.3   Instrumente zur Verbesserung von Innovationskollaboration

DEPARTURE CALL „KOOPERATION" – Kreativagentur Wien, Österreich
Die Wiener Kreativagentur departure hat im Jahr 2012 mit dem „Call Kooperation" ein neues Instrument zur Förderung der Kreativwirtschaft ins Leben gerufen. Das Programm zielte auf die aktive Zusammenarbeit von Unternehmen der klassischen Wirtschaft und Industrie mit Unternehmen der Kreativwirtschaft mit dem Ziel der gegenseitigen Stärkung, der gemeinsamen Produktentwicklung und des Vertriebs.

Rolle der Partner/Institutionelle Aufstellung
Als Vermittler zwischen Kreativen und klassischen Wirtschaftsbetrieben hat departure erstmals sogenannte Door-Opener eingesetzt, die die Projekte begleiteten. Sie verstehen sich als Netzwerker im strategischen Aufbau von erfolgreichen Partnerschaften.
Solche Kooperationen bilden die Grundlage für neue Wertschöpfungsketten, sie sind nicht allein Maßnahmen zur Erwirtschaftung von finanziellem Gewinn, sondern vor allem dynamisch offene Kommunikationsnetze im Sinne eines sensiblen, zukunftsorientierten Handelns für kulturelle und soziale Entwicklungen. Der Call sollte ein weiteres Handlungsfeld der Wiener Wirtschaft erschließen und zum ökonomisch nachhaltigen Ideentransfer beitragen.

Warum ist dies ein innovatives Format?
Unternehmen der Kreativwirtschaft sind eng in ihre Netzwerke eingebunden und selbst die größten Auftraggeber in der Kreativwirtschaft; die Vernetzung mit den Unternehmen der klassischen Wirtschaft hinkt hinterher. Der Ausbau der Zusammenarbeit zwischen Kreativwirtschaft und klassischer Wirtschaft kann Innovationen und Entwicklungen in Gang setzen, die in eine dauerhafte Partnerschaft münden. Solche Partnerschaften sind besonders auf der Ebene von Herstellung, Vertrieb und Marketing erfolgreich. Der Call wollte mit der Schaffung von Andockstellen und der Unterstützung erfolgversprechender Kooperationen innovative Geschäftsmodelle und ihre wirtschaftliche Umsetzung stärken, um für alle Partner inhaltliche und ökonomische Mehrwerte zu schaffen.

Erfolge und zukünftige Herausforderungen
Der Call hatte auch zum Ziel, die Öffnung zwischen den Akteuren füreinander zu beschleunigen und Grenzen zwischen Content-Entwicklung und Produktion aufzuheben. Vision und Innovation sind ein gemeinsames Interesse der klassischen und der Kreativwirtschaft, ihre Gegensätze sind nur scheinbar.

Mit der gemeinsamen Analyse des jeweils aktuellen Umfelds, mit gemeinsam erarbeiteten Maßnahmen der Neuerung, der Anpassung der Produkte und des Außenauftritts konnte für beide Seiten ein Mehrwert entstehen, der den Aufwand der Kooperation mehr als aufwog.

Website: http://www.departure.at/

Zentrum für Kultur- und Erfahrungsökonomie (CKO) „Cross-Sector Innovation Fund" – Dänemark
CKO ist ein nationales Kompetenzzentrum für die Kreativwirtschaft in Dänemark, aktiv in den Bereichen Forschung, Beratung und Finanzierung für kreativwirtschaftliche Unternehmen. Gegründet wurde CKO durch das dänische Ministerium für Wirtschaft und Wachstum sowie das dänische Kulturministerium. Zwischen 2009 und 2012 förderte CKO im Rahmen des „*Cross-Sector Innovation Fund*" diverse Projekte für sektorenübergreifende Innovation unter Einbeziehung der Kreativwirtschaft, der Industrie sowie der Kultur- und Bildungseinrichtungen.

Besonderes Augenmerk legte man auf die Aufarbeitung und Verbreitung der Ergebnisse, so dass zum Ende der Programmlaufzeit ein umfangreiches Handbuch für Cross-Sector Innovation sowie eine systematische Beschreibung der Innovationsprozesse in Form von Best Practices veröffentlicht wurden.

Das von CKO durchgeführte Innovationsprogramm Cross-Sector Innovation Fund umfasste Kooperationen zwischen dänischen Firmen und Akteuren der Kreativwirtschaft in Dänemark. Im Zeitraum von 2009 bis 2012 (vier Jahre) wurden jährlich fünf, das heißt insgesamt 20 Kooperationsprojekte realisiert. Ein einzelnes Projekt dauerte bis zu zwei Jahre.

Rolle der Partner/Institutionelle Aufstellung
Die Projekte wurden co-finanziert, das heißt, zur einen Hälfte von den dänischen Ministerien für Wirtschaft und Kultur und zur anderen Hälfte durch die beteiligten Unternehmen. Für ein einzelnes Projekt wurden zwischen 80.000 und 200.000 € öffentliche Fördergelder bereitgestellt. Es wurden keine bestimmten Wirtschaftsbereiche bevorzugt und der Rahmen für potenzielle Förderung bewusst weit gefasst.

CKO übernahm im Laufe der Kooperationsprojekte hauptsächlich eine unterstützende Rolle. Den Kontakt zu Akteuren der Kreativwirtschaft übernahmen *Vermittler/Berater* innerhalb dieser Netzwerke, somit war CKO daran nicht unmittelbar beteiligt. Die Rolle der Vermittler bestand hauptsächlich darin, Vertrauen aufseiten der traditionellen Unternehmen zu schaffen und geeignete Künstler oder Organisationen für eine Zusammenarbeit zu finden.

Es wurden jeweils zwei Verträge geschlossen, einer zwischen CKO und der mit dem Projektmanagement beauftragten Organisation und ein Vertrag zwischen den Kooperationspartnern (Unternehmen und Akteur der Kreativwirtschaft), der unter anderem Aspekte des Urheberrechts regelte.

Warum ist dies ein innovatives Format?
Zu den Hauptzielen gehört das Aufzeigen und Ausschöpfen von Potenzialen in der dänischen Kreativwirtschaft – von CKO als „Erfahrungsökonomie" bezeichnet. Kreativität und intellektuelles Kapital werden als überlebenswichtiger Standortfaktor betrachtet, um Dänemark in Zeiten der Globalisierung unabhängiger von traditionellen Faktoren wie Arbeit und Boden zu machen. Ziel ist somit ein Wandel in der dänischen Wirtschaft.

Erfolge und zukünftige Herausforderungen
Die nachfolgenden Elemente eines Kooperationsprojektes werden von CKO als kritische Erfolgsfaktoren angesehen:

• Freiraum für Experimente
• Ressourcen für Kontaktherstellung und Partnerauswahl
• Co-Finanzierung der Partner

- Bereitschaft des Managements zur Zusammenarbeit
- Starke Vermittler zwischen Firmen und Künstlern
- Gemeinsame Wertschöpfungsperspektive
- Meilensteine, Zeitmanagement & Intensität
- Erkennbare Methodik aufseiten der Künstler
- Direkter Kontakt/Gruppenmeetings
- Projektdurchbrüche wurden dann erlangt, wenn gemeinsam Zeit verbracht wurde, zum Beispiel durch gemeinsame Arbeitsprozesse oder kreative Sitzungen (Brainstorming, Diskussionen etc.)

Jedes der unterstützten Projekte musste ein konkretes und in gewisser Form messbares Projektziel aufweisen. Die Evaluierung erfolgte ausschließlich qualitativ, das heißt in Form von abschließenden Gruppeninterviews, in denen die Teilnehmer gefragt wurden, ob aus ihrer Sicht die gesetzten Ziele erfüllt, nicht erfüllt oder übertroffen wurden. Aus diesen Erkenntnissen wurden im Anschluss Fallstudien erstellt, die einer einheitlichen Methodologie folgen (Herausforderung à Partner à Vorgehen à Ergebnis und Handlungsempfehlung).
Website: http://www.cko.dk

„More.Creative" – Region Mitteljütland: Dänemark
Mitteljütland ist eine Region in Dänemark, die sich aus kleineren Städten mit bis zu 300.000 Einwohnern und vielen verteilten Gemeinden und Dörfern zusammensetzt. Die Region startete im Jahr 2012 eine Initiative zur Förderung der Kreativwirtschaft mit Fokus auf sektorenübergreifenden Kooperationen, die in das 2013 initiierte Förderprogramm *„More.Creative"* mündete.
Dieses aktuell noch andauernde Programm zeichnet sich durch verschiedene Projektstufen, seinen kompetitiven Charakter und einen Fokus auf Unternehmensgründung aus. Zudem wird der Einfluss externer Berater genauer betrachtet.

Rolle der Partner/Institutionelle Aufstellung
Die Initiative *More.Creative* bildet das Rückgrat der Wachstumsförderung kreativer Industrien in Mitteljütland. Das Programm ist ausschließlich auf Unternehmensgründungen und Business Development fokussiert und die Rolle des öffentlichen Sektors ist es, den richtigen Rahmen für das Wachstum neuer und unausgereifter Kooperationen zu schaffen. Die Konzepte werden über einen Zeitraum von fünf Jahren geprüft und in kleinere, aber wirksamere Systeme für regionales Wachstum und Arbeitsplatzbeschaffung überführt.

Sektorenübergreifende Beziehungen werden zwischen der Kreativwirtschaft und anderen Wirtschaftsbereichen und zwischen Unterbereichen der Kreativwirtschaft hergestellt.

Warum ist dies ein innovatives Format?
Der Matchmaking-Ansatz setzt auf eine breite Ansprache von Partnern und die Nutzung vielseitiger Formate, um die verschiedenen Akteure zusammenzubringen. Der Start der Initiative wurde an eine Vielzahl von Akteuren in der Kreativwirtschaft der Region kommuniziert (Bildungseinrichtungen, Firmen, Clusterverbände, Berater etc.). Vertreter all dieser Bereiche wurden zu einer Serie von Matchmaking-Events an drei unterschiedlichen Orten in der Region eingeladen. Diese Zusammenkünfte enthielten eine Mischung aus Informationen über das Förderprogramm und Austauschmöglichkeiten, wie eine „Speaker's Corner" zur Vorstellung einzelner Ideen, oder brachten schlichtweg Interessenten auf der Suche nach Partnern zusammen.

Erfolge und zukünftige Herausforderungen
Die beteiligten Projektberater, die den intensivsten Kontakt zu den Creative Partnerships hatten, nennen folgende kritische Erfolgsfaktoren:

- Gut vernetzte Partner eingebettet in eine etablierte Organisation/Firma oder Ähnliches (z. B. eine Bildungseinrichtung).
- Partner, die die Förderung nicht nur als direkte Unterstützung für ein Startup ansahen, sondern die bereit waren, umfassende Ressourcen in Networking und Zusammenarbeit zu investieren.
- Partner, die es verstehen, aus einer guten Idee auch ein tragbares Geschäftsmodell zu entwickeln.
- Das mehrstufige Fördersystem mit Wettbewerb zwischen den Bewerbern und Förderprojekten: Dies ermöglichte die Förderung von reifenden und immer besser vernetzten Projekten und garantierte einen andauernden Fokus auf dem Geschäftsausbau.
- Die sorgfältige Sichtung potenzieller Kandidaten hat entscheidenden Einfluss auf die Wahrscheinlichkeit von Projekterfolgen.
- Die Vermittler haben eine Schlüsselfunktion, sie erkennen oft besser, welche Akteure gut zusammenpassen.

Website: http://morecreative.dk

COBRA – Collaborative Labour Opportunities in Brandenburg
COBRA ist ein Projekt im Programm Transnationaler Wissens- und Erfahrungsaustausch, gefördert durch das Ministerium für Arbeit, Soziales, Frauen und Familie aus Mitteln des Europäischen Sozialfonds und des Landes Brandenburg. Im Zentrum steht dabei das Zusammentreffen von jungen Brandenburger Kreativen und regionalen Firmen. Über einen Zeitraum von 1,5 Jahren sollen diese Gruppen kontinuierlich an konkreten Problemstellungen der Firmen arbeiten.

Zielgruppen sind Studierende und Absolventen kreativer beziehungsweise gestalterischer und mediengestalterischer Studiengänge (z. B. Architekten, Designer, IUK etc.) von Brandenburger Hochschulen, die sich im Übergang zwischen Studium und Beruf, beziehungsweise Anstellung und Selbstständigkeit befinden. Für Studierende und Absolventen bietet das Programm die Möglichkeit, sich aktiv kreativ und gestalterisch mit realen Problemstellungen auseinanderzusetzen, innovative Lösungen zu erarbeiten und wertvolle Kontakte auf dem Arbeitsmarkt zu knüpfen.

Zusätzlich haben die Teilnehmer die Chance, Vorträgen von nationalen und internationalen Experten zu den Projektthemen beizuwohnen.

Rolle der Partner/Institutionelle Aufstellung
Das Projekt wird vom Büro INPOLIS durchgeführt. Regionale Kooperationspartner sind neben der Stadt Guben (wo die Workcamps stattfinden) die IHK Cottbus, die Gründerwerkstatt Zukunft Lausitz sowie die Transferstelle der Brandenburgische Technische Universität (BTU) Cottbus und die Zukunftsagentur Brandenburg (ZAB). Zusätzlich werden mehrere nationale und internationale Organisationen eingeladen, die in strukturschwachen und peripheren Regionen Europas in der Lage waren, ähnliche Projekte zu entwickeln. Durch den Austausch von Erfahrungen und Lösungsansätzen soll es gelingen, kollaboratives Arbeiten in Brandenburg zu verankern und nachhaltige Modelle für Kooperationen von Kreativen und regionalen Unternehmen zu implementieren. Partner sind unter anderem die Grüne Werkstatt Wendland, das Institute of Place Management (IPM) in Manchester und die Region Kreta (Griechenland).

Warum ist dies ein innovatives Format?
Instrument für die Qualifikation der Absolventen ist das Zusammentreffen mit Unternehmen im Südosten Brandenburgs, die durch konkrete Problemstellungen in ihrem Betrieb den Ausgangspunkt für die Zusammenarbeit liefern. Dabei wird die gesamte Bandbreite von Unternehmen in

Südostbrandenburg angesprochen – von Hightech-Unternehmen im Energiesektor bis zu regionalen Traditionsprodukten.

Die zentrale Plattform für den Austausch bilden drei einwöchige Projektwerkstätten, diese fanden im November 2013, Mai und September 2014 statt. Hierbei kommen Absolventen, junge Selbstständige aus dem Bereich Kreativwirtschaft, lokale Unternehmen sowie Fachleute aus dem In- und Ausland zusammen. In den Workcamps geben Experten ihr Wissen im Bereich Ideenentwicklung, Projektarbeit und Netzwerkbildung weiter.

Diese Praktiken, in deren Zentrum das kollaborative Arbeiten steht, stellen Schlüsselqualifikationen auf dem Arbeitsmarkt dar. Die Ergebnisse sollen den Teilnehmern und beteiligten Unternehmen von effektivem Nutzen sein, indem durch die Zusammenarbeit Lösungsansätze für Innovationen in ihrer Produktion sowie lokale Beschäftigungsmöglichkeiten entstehen. Die weitgehende Trennung von produzierender und Kreativindustrie soll damit aufgehoben und lokale Beschäftigung vorbereitet werden.

Erfolge und zukünftige Herausforderungen
Wie können Lausitzer Bürger, Unternehmen und Kommunen ihre Zukunft gestalten? Welche Perspektiven gibt es für junge Menschen zum Hierbleiben oder zum Herkommen? Wie kann die Industrie- und Handwerkstradition genutzt werden und können Innovationen wieder hier entstehen? Diese Fragen stellt das Projekt COBRA. Kollaborative Ansätze werden erprobt, um Krisensituationen zu begegnen und Potenziale zu nutzen. Neue Allianzen und ungewöhnliche Partnerschaften sind dafür nötig – und jede Menge Ideen. Gemeinsam mit Partnern in Stadt und Land, in Unis und Unternehmen gilt es, Ideen zu entwickeln und Kooperationsmodelle zu finden, um diese umzusetzen.

Website: www.co-bra.org

„CICI" Call for Innovation in the Creative Industries – Region Flandern: Belgien
Die Region Flandern ist Teil des Innovationsnetzwerkes „*Districts of Creativity*" (DC) bestehend aus 13 Regionen weltweit zum Zwecke des Informationsaustausches und der Erstellung von Best Practices.

Das einjährige Förderprogramm „*CICI"* (Call for Innovation in the Creative Industries) wurde 2013 vom Flämischen Ministerium für Innovation ins Leben gerufen und 2014 mit höherem Budget neu aufgelegt.

In Kooperation mit der Antwerp Management School wird derzeit eine umfassende Analyse des Förderprogrammes erstellt, die unter anderem versucht, auch erste quantitative Rückschlüsse aus den Projekten zu ziehen.

Rolle der Partner/Institutionelle Aufstellung
Ähnlich wie im Fall von CKO wurde das Matchmaking komplett von der Agentur IWT übernommen, die jedoch auch den größten Einfluss auf die letztendliche Auswahl der Projekte hatte. Sie regelte außerdem Verträge und Geldtransfers. DC Flanders kam somit in erster Linie die Rolle des Initiators, Projektbegleiters und Repräsentanten der Kreativwirtschaft zu.

Es wurden Infosessions organisiert (ca. 60 Teilnehmer pro Session), in denen möglichst viele Vertreter unterschiedlicher Industriezweige zusammengebracht wurden, um sich einander vorzustellen. Die Initiative musste jedoch in hohem Maße von den Beteiligten selbst ausgehen.

Die Finanzierung erfolgte wie auch in fast allen anderen Fällen in Form von Co-Financing, das heißt, alle Projektteilnehmer brachten zumindest einen Teil der Mittel zur Deckung der entstehenden Kosten selbst auf.

Warum ist dies ein innovatives Format?
Flanders DC übernahm mit dem Programm eine Vorreiterrolle in sektoren-übergreifender Innovation innerhalb der Region. Da in der Region zahl-reiche Akteure der IT- und Spieleindustrie ansässig sind, ergab sich auch in der Auswahl der Förderprojekte ein Fokus auf technologische Neuerungen, zum Beispiel im Hinblick auf 3D-Printing. Dennoch wurde versucht, viele künstlerische Elemente einzubringen und einige bewusst experimentellere Projekte zu fördern.

Erfolge und zukünftige Herausforderungen
Aufgrund deutlicher Erfolge in der Erstausgabe der Initiative wurde 2014 eine Neuauflage gestartet, mit einem erhöhten Budget von nun 850.000 €.

Erfolgsfaktoren

- Klare Innovationsziele für jedes Projekt
- Manche Bewerbungen scheiterten an Entwicklungen im Zusammenhang mit der Wirtschaftskrise oder an organisatorischen Restrukturierungsmaßnahmen in den Firmen. Die Beschäftigung mit „anderen Baustellen" mindert die Bereitschaft zu Experimenten. Ein Fokus auf die Zusammenarbeit muss möglich sein.

Empfehlungen

- Rechtsberatung für Kreativunternehmer, stärkere Einbindung von Beratern in diesem Zusammenhang
- Die Projekte waren den Initiatoren im Allgemeinen nicht experimentell genug. Viele stellten lediglich eine Aneinanderreihung bestehender Wertschöpfungsketten dar. Unkonventionellere Ansätze sollten gezielter verfolgt werden.

Website: http://www.flandersdc.be/nl

„VINCI" Vouchers IN Creative Industries – Region Salzburg: Österreich

Im Zusammenhang mit einer Initiative für Innovationsgutscheine der EU-geförderten *„ECIA"* (European Creative Industries Alliance) wurde im Jahr 2011 das Innovationsprogramm *„VINCI"* (Vouchers IN Creative Industries) von der Innovationsagentur *Austria Wirtschaftsservice GmbH* (AWS) im Auftrag der Region Salzburg ins Leben gerufen. Das Förderprogramm dauerte zwei Jahre und einzelne Projekte erfolgten im Ablauf von bis zu acht Monaten. Das Gesamtbudget betrug etwa 340.000 €, von denen 100.000 € direkt in 20 Projekte à 5000 € Fördersumme ohne Co-Financing flossen.

Ziel war die Stärkung der Nachfrage nach kreativen Dienstleistungen und die Erhöhung der Wettbewerbsfähigkeit des Mittelstands. Neben den Hauptzielen gab es aber weitere Ziele, wie die Schaffung eines Bewusstseins für die transformativen Potenziale von Cross-Sector Innovation und die Erstellung von Fallstudien zur Beschreibung positiver Effekte der Innovationsvorhaben auf den Mittelstand.

Rolle der Partner/Institutionelle Aufstellung

Für die Projektbegleitung und Beratung der Teilnehmer wurde die *Innovations- und Technologietransfer Salzburg GmbH* als zentrale Anlaufstelle eingebunden. Aufgrund der weniger komplexen und praktischer ausgerichteten Arbeitsverhältnisse bestand vergleichsweise wenig Bedarf für externe Anweisungen oder vertragliche Regelungen. Da außerdem deutlich weniger Parteien in die einzelnen Projekte involviert waren, wurde das Projektmanagement in der Regel von den beteiligten Unternehmen selbst wahrgenommen.

Warum ist dies ein innovatives Format?

Es ist absehbar, dass die meisten der Kooperationen im Rahmen von VIN-CI eher konventioneller Natur sind und daher geringere Potenziale für grundlegende Innovation und gegenseitigen Mehrwert daraus bieten. Allerdings ist ein übergeordnetes Ziel von Cross-Sector Innovation, Vertrauen zwischen Mittelstand und Akteuren der Kreativwirtschaft zu schaffen, wirtschaftliche Beziehungen zu stärken und Netzwerke zu bilden. Diesen Zweck erfüllt ein Programm wie VINCI offenbar sehr gut. Dies führt durchaus zu andauernden und umfangreicheren Kooperationen, unabhängig von öffentlicher Förderung.

Erfolge und zukünftige Herausforderungen

- Ein relativ kompakter Aufbau des Förderprogrammes, der geringe experimentelle Charakter und ein kurzer Projektzeitraum erweisen sich insbesondere für die Nachfrage nach Designdienstleistungen im Mittelstand als wirksam.
- Der Erfolg einzelner Projekte hängt von der richtigen Chemie zwischen den Partnern ab. Es herrschte zum Beispiel Zurückhaltung bei der Kooperation mit internationalen Kreativen. Es wurde räumliche Nähe und direkte Kommunikation bevorzugt.
- Der Bewerbungsprozess sollte simpel und schnell sein, um möglichst viele Interessenten zu gewinnen. Dem höheren Anspruch an Auswahl und Dokumentation der Fälle könnte dann mit einer Aufgliederung der Bewerber in Industriezweige oder mehrere Zeitfenster für Bewerbungen begegnet werden.
- Generell empfiehlt es sich jedoch, die Qualität der Bewerbungen und deren Ambitionen zu erhöhen.
- Der Politik und Wirtschaft sollte klar kommuniziert werden, welche transformativen Potenziale in der Kreativwirtschaft stecken.
- Öffentliche Fördermaßnahmen sollten die Chance haben, eine kritische Masse zu erreichen, um einen nachhaltigen Effekt auf die Gesamtwirtschaft und die Gesellschaft allgemein zu haben. In Österreich wurde bereits ein Umdenken in vielen KMU erreicht und die Akzeptanz der Kreativwirtschaft umfassend gestärkt.

Website: http://www.awsg.at/Content.Node/foerderungen_alle/kreativwirtschaft/67656.php

„Innova Creativity" – Baskenland Spanien

Im Rahmen des Förderprogrammes der ECIA realisierte die baskische Regierung zwischen 2012 und 2013 als Teil eines weitreichenden Wettbewerbsplans für das Baskenland (Competitiveness Plan 2010–2013) und unter Beteiligung der Business Development Agentur *SPRI* das Innovationsprogramm *„Innova Creativity"*. Innovationsgutscheine wurden hierbei ausschließlich an internationale Kooperationen zwischen baskischen Industrieunternehmen und ausländischen Akteuren der Kreativwirtschaft vergeben.

Innova Creativity verfolgte somit einen völlig anderen Ansatz als das regional ausgelegte VINCI Programm. Der Fall bietet einen interessanten Ansatz zur Stärkung der Nachfrage nach Kreativdienstleistungen aus dem ursprünglichen Streben heraus, ausländische Märkte für heimische Industriegüter zu erschließen.

Das zwischen 2012 und 2013 umgesetzte Innovationsprogramm „Innova Creativity" verfolgt einen abgewandelten Ansatz für die Verteilung von Innovationsgutscheinen zur Stärkung der heimischen Wirtschaft unter Einbindung kreativwirtschaftlicher Dienstleistungen: Es wurden ausschließlich internationale Kooperationen zwischen baskischen Industrieunternehmen und ausländischen Akteuren der Kreativwirtschaft gefördert. Sofern es notwendig oder sinnvoll war, beteiligten sich zusätzlich baskische Kreativdienstleister.

Rolle der Partner/Institutionelle Aufstellung

Man konzentrierte sich zunächst auf etablierte und verhältnismäßig große Firmen, realisierte jedoch schnell, dass der Zugang zu den vielen Kleinunternehmern in der Kreativwirtschaft fehlte.

Die wichtigste Rolle spielten somit erneut Vermittler und sehr gut vernetzte Kontaktpersonen innerhalb der kreativen Industrien. Man entschied sich daher, europaweit an Kreativagenturen und Kreativzentren heranzutreten, wie zum Beispiel in Schweden oder Finnland.

Warum ist dies ein innovatives Format?

Die Besonderheit dieses Fallbeispiels liegt in der Art und Weise, wie Kreativität zum Zwecke der Innovation in der baskischen Industrie instrumentalisiert werden sollte. Hierfür wurden zunächst Vertreter sechs etablierter Industriecluster zusammengebracht, um gemeinsam zu definieren, welche Rolle die nachgefragten Kreativdienstleistungen im Rahmen ihrer Innovation spielen sollen.

Das Ergebnis enthielt ein gemeinsames Bekenntnis zu einem erhofften positiven Einfluss auf Produktdesign, Unternehmensstrategie, Produktionsverfahren, Beschreibung von Mission und Vision sowie verbessertes Marketing. Zusätzlich wurden dann sechs Vermittler aus der baskischen Kreativwirtschaft mit internationalen Kontakten für die Suche nach geeigneten Kooperationspartnern hinzugezogen.

Erfolge und zukünftige Herausforderungen
Die Regierung konnte zunächst nicht einordnen, was Cross-Sector-Projekte genau darstellen sollen und wie sie erfolgreich sein können. Überzeugungsarbeit, Fallbeispiele, Geduld und Beharrlichkeit seitens der Initiatoren waren wichtig. Die Unterstützung hing oftmals von einzelnen Personen ab.

- Stakeholder Management: Man sollte einen Blick für den erweiterten Adressatenkreis von Förderprogrammen haben, um aktivem und passivem Widerstand entgegenzuwirken.
- Traditionell ausgerichteten Industriesektoren muss zunächst die Bedeutung von Kreativität für die eigene Innovationsfähigkeit nähergebracht werden. Best Practices helfen hier.
- Involvieren von Clusterorganisationen schon im Vorfeld der Ausschreibung.

Website: http://www.eciaplatform.eu/project/innova-creativity/

6.4   Hochschulen als Treiber für Innovationskollaboration

AALTO UNIVERSITY DESIGN FACTORY – Helsinki, Finnland
Die Design Factory an der Aalto-Universität in Finnland ist ein universitäres Zentrum mit dem Ziel, innovative Kooperationsprojekte zwischen Lehrenden, Studenten und Unternehmern im Bereich der Produktentwicklung und des -designs zu initiieren. Die Designfabrik fungiert dabei als physische Plattform, um zufällige Interaktionen und Kooperationen zwischen den verschiedenen Akteuren aus Forschung, Bildung und Unternehmen zu ermöglichen.

Rolle der Partner/Institutionelle Aufstellung
Die Aalto Design Factory ist eine universitäre Einrichtung, die von der Aalto-Universität in Helsinki betrieben wird. Neben Lehre und Forschung waren dort zuletzt vier größere Designunternehmen (z. B. Seos Design,

Hookie Technologies) und eine Reihe von kleineren Startups ansässig. Allein im Jahr 2012 konnten insgesamt elf Partnerunternehmen gewonnen werden, die als Sponsoren für Kooperationsprojekte auftraten. Die Aalto Design Factory ist unterdes eingebettet in ein globales Netzwerk von insgesamt vier Design Factories weltweit mit Sitzen in Santiago, Shanghai, Helsinki und Melbourne.

Warum ist dies ein innovatives Format?
Die Design Factory beherbergt neben modernen Büros, Konferenzräumen und einem Café eine Reihe von technischen Werkstätten für die Produktentwicklung, die von allen Akteursgruppen gleichermaßen genutzt werden können. Damit schafft sie die räumlichen Gegebenheiten für spontane Treffen und die nötige Interaktion zwischen den verschiedenen Nutzergruppen. Das zentrale Innovationsmoment besteht allerdings vor allem in der curricularen Einbettung von unternehmerischen Forschungsprojekten in die Lehre, welche von den Unternehmen finanziert werden und deren Ergebnisse im Rahmen von öffentlichkeitswirksamen Veranstaltungen präsentiert werden.

Erfolge und zukünftige Herausforderungen
Neben der Ansiedlung von Unternehmen hat die Design Factory allein im Jahr 2012 eine Reihe andere Erfolge erzielen können, darunter: vier Firmen mit Hauptsitz an der Design Factory, elf Partnerunternehmen als Sponsoren gewonnen, Entwicklung von 14 marktreifen Produkten nach Durchlaufen eines mehrmonatigen Produktentwicklungs-Programms (PDP) gemeinsam mit den Unternehmen, 15 Ausgründungen aus dem PDP-Programm und 48 konkrete Ideen für Spin-offs generiert.
Website: http://www.aaltodesignfactory.fi/

DESIGN REAKTOR – Universität der Künste, Berlin
Der Design Reaktor Berlin ist ein disziplinübergreifendes Forschungsprojekt der Universität der Künste Berlin. Ziel sind innovative Kooperationen zwischen kleinen und mittelständischen Unternehmen und Gestaltern, um die Strategien und Perspektiven postindustrieller Standorte am Beispiel Berlin zu erforschen. Von der Mozzarella-Käserei über einen Graveur bis zum Gummiwarenhersteller, vom Auto-Tuner über die Kofferfabrik bis zum Pastamacher, von Low- bis Hightech konnten 52 Unternehmen als Kompetenzpartner für die Zusammenarbeit gewonnen werden.

Rolle der Partner/Institutionelle Aufstellung

In einem zweiwöchigen Workshop-Cluster entstanden durch experimentelles Verknüpfen der Gewerke, Materialien, Technologien und Tools der Unternehmen hunderte von Ideen.

Nach Einschätzung des Realisierungs- und Marktpotenzials durch eine Jury wurden 57 Produkte mit hoher emotionaler und funktionaler Relevanz in enger Kooperation mit den Betrieben weiterentwickelt. Sechs Patente wurden angemeldet.

Warum ist dies ein innovatives Format?

Traditionell wird erst ein Produkt entwickelt, dann die Kommunikation und die Distribution geplant. Im Design Reaktor Berlin wird dies zeitgleich erarbeitet, um die Effizienz der Entwicklung und die Identität der Produkte zu steigern.

Angestrebt wurde eine Positionierung der Produkte zwischen Experiment und Kommerz. Expertengespräche zu Markt-, Kommunikations- und Distributionsstrategien begleiten den Design Reaktor Berlin.

Erfolge und zukünftige Herausforderungen

Eine Hochschule kann entwickeln, initiieren und so dem Markt die Hand reichen. Für die kommerzielle Umsetzung braucht es jedoch Partner für den Transfer in den Markt wie Unternehmen und Agenturen. In der ersten Phase sind über 50 Produkte entstanden. In der zweiten Phase soll aus diesen praktischen Erfahrungen eine Methode der Vernetzung für postindustrielle Strategien formuliert werden. Beides wird in einem Katalog, einer praxisrelevanten Dokumentation und weiterer Ausstellung veröffentlicht.

Website: http://www.design-reaktor.de/

Innovationswerkstatt Schöneweide

Schöneweide, am östlichen Rand von Berlin gelegen, profitiert schon jetzt von einschlägigen Standortvorteilen zur Etablierung eines zentralen Wissenschafts- und Wirtschaftsstandorts in Berlin. Mit dem Sitz der überregional bedeutsamen Hochschule für Technik und Wirtschaft (HTW) Berlin und einer Mischung aus erfahrenen Industrie- und Dienstleistungsfirmen im Hightech-Segment und jungen Startup-Unternehmen sind wesentliche Voraussetzungen für innovative Kooperationen zwischen Wissenschaft und Wirtschaft gegeben.

Jedoch forderten große Industrieareale lange Zeit Wirtschaft und Stadt-
planung heraus: Wie sollten sie genutzt, in Wert gesetzt und mit Identität
ausgestattet werden? In Zeiten abnehmender finanzieller Ressourcen wird
der Freiraum für Aktivierung und bauliche Gestaltung enger. Gleichzeitig
gilt es immer nachdrücklicher, neue Schnittstellen zwischen Nutzern der
Gebäude und den Nachbarschaften und Anwohnern sowie Unternehmen
herzustellen. Gestaltung, Aktivierung, Neunutzungen stellen in der wissensbasierten Gesellschaft große Herausforderungen an vermeintlich aus
der Logik der Raumnutzung gefallene Areale. Neue Netzwerke zwischen
Hochschule, Unternehmen, die durch das Regionalmanagement und die
Wirtschaftsförderung des Bezirks unterstützt werden, stellen eine zentrale
Ressource der Adressbildung in Schöneweide dar.

Warum ist die Innovationswerkstatt ein innovatives Format?
Die Innovationswerkstatt ist ein zeitlich fixiertes Format, in dem Studierende in Teams Fragestellungen lösen. Die Fragestellungen sind konkrete, praxisrelevante Aufgaben, die lokal in Schöneweide ansässige Unternehmen bereitstellen (z. B. Iris GmbH, Dunkel GmbH, BTB GmbH etc.).
Die Innovationswerkstatt ist eingebettet in das curriculare System und das
Ausbildungsangebot der HTW und wird durch die Seminar- und Projekt-
wochenangebote der Studiengänge eingerahmt. Die Innovationswerkstatt
dauert eine Woche, Fragestellung und Unternehmenskontakt werden drei
bis sechs Monate vorher erarbeitet.

Wo findet die Innovationswerkstatt statt?
Die Innovationswerkstatt stellt eine besondere Lern- und Praxiserfahrung
für Studierende und aber auch Unternehmen bereit. Sie findet an einem
„dritten Ort" zwischen Hochschule und Unternehmen statt, beziehungsweise außerhalb gewohnter Seminarstrukturen und unternehmerischer
Praxis. Für die Laufzeit der Innovationswerkstatt wird ein Arbeitsraum
bezogen, der Werkstattumgebung bietet und zum Ausprobieren und Experimentieren einlädt. Es werden Methoden, Werkzeuge und Teamarbeits-
plätze bereitgestellt.

Was passiert in einer Innovationswerkstatt?
In einer Innovationswerkstatt wenden die Studierenden das bisher erlernte
Wissen an und beziehen es auf eine neue Fragestellung. Diese muss in
knapper Zeit gelöst werden, oder es müssen mindestens Varianten und Sze-
narien ihrer Lösung erarbeitet werden. Externe Methodeninputs und eine

zielführende Moderation des Arbeitsprozesses schaffen eine besondere Situation und ermöglichen es, interdisziplinär zu arbeiten. Am Ende der Woche stellen die Studierenden ihre Arbeitsergebnisse den Unternehmen und geladenen Gästen vor.

Wer nimmt an einer Innovationswerkstatt teil?
Das Angebot Innovationswerkstatt richtet sich in der Phase für den Herbst 2014 an verschiedene Ausbildungsmodule (AWE = Allgemeinwissenschaftliche Ergänzungsfächer, Projektseminare u. a.). In engem Schulterschluss mit der Hochschulleitung und den Professoren werden die Studierenden in ihren Ausbildungsfächern an die Fragestellungen herangeführt. Im Rahmen von Vorbereitungstreffen werden die Projektteams gebildet.

Welche Ziele verfolgt die Innovationswerkstatt?
Die Innovationswerkstatt hat das vordringliche Ziel, ein zeitgemäßes praxisnahes Ausbildungs- und Transferformat zu entwickeln. Es soll Teilnehmerinnen und Teilnehmern bessere Einstiegschancen auf dem Arbeitsvermarkt verschaffen, ihren Portfolio-Aufbau verbessern und Unternehmen neue Ideen und Talente vermitteln. Neben dem institutionellen Ziel ist es aber ebenso wichtig, eine weitere Brücke zwischen dem Wissenschafts- und dem Produktionsstandort Schöneweide aufzubauen und dies in 2015 weiter zu verstetigen.

Verwendete Methoden und institutionelle Aufstellung
Insbesondere die Methode Design Thinking hat gezeigt, dass sie imstande ist, komplexe Probleme zu lösen und gleichzeitig neue Entwicklungen zu mobilisieren. Der Begriff Design Thinking entstammt dem weiten Feld der Innovationsforschung wie ebenso der Designdisziplin.

Generell soll die Methode gewährleisten, dass Neues in Form von Produkten und Prozessen in die Welt kommt. Die Auseinandersetzung mit der Methode Design Thinking hat ihre konzeptionellen Wurzeln in einer verstärkten Betonung der Nutzerperspektive und der -freundlichkeit von Produkten und Prozessen schon im Entstehungs- und Entwicklungsprozess.

Das Konzept basiert auf der Überzeugung, dass neue Entwicklungen dann entstehen, wenn interdisziplinäre Gruppen gebildet werden und diese sich erst einmal auf eine gemeinsam geteilte Problemstellung einigen. Ausgehend von der richtigen Fragestellung sowie erkannten Bedürfnissen und Motivationen von Nutzern wird dann in einem iterativen, anwendungsorientierten Prozess systematisch nach überraschenden Ableitungen und Lösungen gesucht.

In der Methode Design Thinking ist Co-Creation ein zentrales Moment, ohne das es nicht zu einem höheren Maß an Abstimmung und Akzeptanz für einen Lösungsweg kommt. In der Methode Design Thinking kommt idealtypisch eine heterogene Gruppe von Menschen aus unterschiedlichen Disziplinen, darunter Experten und Laien, Männer und Frauen, Fachkundige und weniger Fachkundige zusammen (und die Personen sollten auch so ausgewählt werden).

Es sollen dadurch viele verschiedene Weltsichten einfließen und es soll eine möglichst große Spannbreite an Meinungen, Einschätzungen, Expertise und Haltungen abgebildet werden. Bei klassischen Expertenprozessen, wie sie aus Innovationsprozessen von früher bekannt sind, stehen meistens der Anspruch und der Versuch im Vordergrund, aufgrund von gemeinsam geteilten Wert- und Problemhaltungen einen Gruppenkonsens und einen Lösungsweg herzustellen.

Mit Hilfe des Verfahrens Design Thinking können möglichst viele Perspektiven und Situationseinschätzungen von unterschiedlichen Weltsichten aufgenommen werden. Diese stellen ein Mindestmaß an Akzeptanz für eine Lösung her.

Erfolge und zukünftige Herausforderungen
Es ist möglich, unternehmerische Fragestellungen in fünf Tagen zu bearbeiten und prototypische Ideen und Lösungsvorschläge kompakt vorzulegen.

Es bedarf eines hohen personellen und zeitlichen Vorbereitungsaufwandes, um Fragestellungen, Räume, Teilnehmerakquise, Briefing der Moderatoren und Facilitatoren sowie Professoren und mithelfenden Personen zu bewerkstelligen.

Die „Innovationswerkstatt Schöneweide" hat die Kontaktdichte zwischen HTW, Studierenden und Unternehmen belebt und aktualisiert.

Es entstehen neue Dynamiken zwischen den Teilnehmern, die jedoch noch teilweise relativ ungerichtet sind. Es stellt sich die Frage, wie diese Effekte nun weiter „ausgerichtet" und zielführend qualifiziert werden können.

Die „Innovationswerkstatt Schöneweide" hat neue prototypische Prozesse initiiert und diese zum Wachsen gebracht.

Aus der Sicht der Unternehmen und der Hochschule sowie des Regionalmanagements gibt sich nun ein neues Wissenstransferformat zu erkennen, das durch seinen Ausbau und seine Institutionalisierung den Prozess der Adressbildung Schöneweides unterstützen und dynamisieren kann.

http://www.schoeneweide.com.

Empfehlungen und Hinweise für Innovationskollaborationen

7

Die folgenden Empfehlungen, Hinweise und Schlussfolgerungen sind aus der Perspektive angeordnet, dass Innovationskollaborationen als stufenweiser Prozess mit Beginn, Vorbereitung, Rahmensetzungen sowie Maßnahmen und Nachbereitungen zu verstehen sind. Es werden Vorschläge und Empfehlungen angeführt, die sich aus Matching- und Partnering-begleitenden Einschätzungen ergeben, also gewissermaßen Hinweise für die Korrekturen am „offenen Herzen eines Innovationsprojekts" sind. Zudem zeigen wir Umgangsweisen mit Zielvereinbarung, projektbegleitendes *Storytelling* und geben programmbegleitende Evaluierungshinweise. Angeleitet werden die folgenden Empfehlungen von den folgenden Fragen:

- Wie lassen sich zukünftig effizientere und effektivere Innovationsprogramme gestalten?
- Wie schafft man die richtigen Rahmenbedingungen für Innovationen und erhöht durch gezielte Maßnahmen die Erfolgschancen einzelner Projekte?

7.1 Rahmenbedingung herstellen: Sensibilisierungs- und Anbahnungsphasen

Fokus auf das Matching von innovativen Akteuren der Kreativwirtschaft und traditionellem Mittelstand hat sehr großes Potenzial
Viele Studien zeigen: Die Inanspruchnahme kreativwirtschaftlicher Leistungen hat positive Effekte auf Innovationsaktivitäten und Umsatzentwicklung in Unternehmen anderer Branchen. Obwohl in zahlreichen Großunternehmen

© Springer Fachmedien Wiesbaden 2016
B. Lange et al., *Kollaborationen zwischen Kreativwirtschaft und Mittelstand*, DOI 10.1007/978-3-658-11855-6_7

bereits implementiert, muss die Sensibilisierung des Mittelstands forciert werden, um so größere Innovationspotenziale in Deutschland zu heben.

Sensibilisierung für den kultur- und kreativwirtschaftlichen Mehrwert sollte verstärkt warden

Voraussetzung für erfolgreiche Kollaborationsvorhaben ist das Verständnis für den kultur- und kreativwirtschaftlichen Mehrwert aufseiten der „klassischen Wirtschaft". Flankierend für neue Förderprogramme sind daher verstärkt Aktivitäten zur Sensibilisierung durchzuführen. Da diese Phase von großer Wichtigkeit ist, müssen hier verschiedene Ansätze parallel erprobt und die Erfolgswahrscheinlichkeit validiert werden: Aus der Sicht der Politik und der klassischen Wirtschaft heißt dies, Allianzen zu bilden und Botschafter zu gewinnen.

Um neuartige Innovationsprogramme zu etablieren, die mit einer gewissen Offenheit und Experimentierfreude einhergehen, sind möglichst enge Verbindungen zu wichtigen Akteuren auf politischer und wirtschaftlicher Seite notwendig. Das können insbesondere Wirtschaftsverbände, Clusterakteure usw., wichtige Organisationen sein, die unterstützen können. Weiterhin müssen angesehene Akteure (Geschäftsführer etc.) als „Gesichter" beziehungsweise „Botschafter" für diesen Prozess gewonnen werden, um die Wertigkeit der Kultur- und Kreativwirtschaft in Bezug auf den Innovationsprozess zu unterstreichen.

Vermittler („Broker") mit Unternehmenskenntnissen einbinden

Die Vermittlung von konkreten Kollaborationsprojekten lässt sich besonders gut von lokalen Akteuren unterstützen, die bereits über gute Kontakte zu möglichen Mittelständlern verfügen. Ihre Schlüsselkompetenz sollte die Fähigkeit sein, neue Bedarfe in klassischen Industrien und Unternehmen zu erkennen und die entsprechenden Akteure davon zu überzeugen, mögliche Antworten außerhalb der üblichen Innovationsprozesse zu suchen. Eine enge Vernetzung und Klärung der Nachfrage in kleinen Runden, auf der Basis persönlicher Kontakte, ist herzustellen. Achtung: Für die Anbahnung derartiger Projekte sind andere Kompetenzen (Netzwerk- und Marktwissen) notwendig als für die Umsetzung (Projektsteuerung), daher sind hier verschiedene Akteure gefragt.

„Risikoempfinden" für Mittelständler so lang wie möglich niedrig halten

Die Zusammenarbeit mit Kreativen wird vielfach von zum Beispiel Mittelstands-Akteuren als risikoreich eingestuft. Diesem Eindruck kann entgegengewirkt werden, indem ein klarer Fokus in der Kommunikation auf den Vorteilen und Best-Practices liegt und ein schrittweises Vorgehen verdeutlicht wird. Hemmschwellen müssen so niedrig wie möglich gehalten werden, Unternehmen „da abgeholt werden, wo sie stehen". Es ist besonders darauf zu achten, dass die Erstansprache an Mittelständler und ihre KMU bekannte Formate, Begriffe und Institutionen etc. beinhaltet.

Strukturierte Analyse zukünftiger Märkte als Voraussetzung
Insbesondere vor dem Hintergrund von neuen sich entwickelnden Märkten, wie zum Beispiel der sogenannten digitalen Wirtschaft oder Internet 4.0, spielt die Kultur- und Kreativwirtschaft als Innovationstreiber eine wichtige Rolle. In der Trendvorschau für konkrete neue Märkte lassen sich bereits klar umrissene Aufgabenbereiche erläutern, die von Kreativakteuren bearbeitet werden können. Beispiel: Elektromobilität, bei der es neben zahlreichen ingenieurorientierten Herausforderungen einen wachsenden Bedarf in Feldern und Märkten wie die Verknüpfung mit Smart Home, Car-Sharing und intermodalem Transport gibt. Dies wird stark durch eine Nutzerorientierung geprägt und kann durch das hohe Innovationspotenzial der Kultur- und Kreativwirtschaft gehoben werden.

Schaffung von Cross-Industry-Clustern
Um Abschottungseffekte, sogenannte Lock-in-Effekte, zu verhindern und das gegenseitige Kooperieren zu verstärken, sind bestehende regionale Industrie-Cluster an sinnvollen Stellen um Unternehmen aus der Kreativwirtschaft zu ergänzen. Das ist insbesondere dann möglich, wenn es sich um neue entstehende Technologiefelder handelt (z. B. Elektromobilität, nachhaltige Energieproduktion) und diese sollten idealerweise andocken an eine Analyse und Trendvorschau (siehe voriger Punkt).

7.2 Kriterien für die Programmentwicklung sowie die Durchführung guter Innovationskollaborationen

Bewusstsein für das beabsichtigte und letztendlich erreichte Ausmaß der Innovation herstellen
Je nach den Bedürfnissen und Erwartungen der Partner variieren die Innovationsziele von konventionell bis experimentell. Hiermit geht in der Regel ein niedrigerer oder höherer Ressourcenbedarf einher. Dieser Zusammenhang ist im Zuge der Entwicklung eines Förderprogramms zu beachten. Verfolgt zum Beispiel ein Förderprogramm die Absicht, Produkt- oder Pro-

zessinnovationen hervorzurufen, neigen die ausgewählten Projekte zu folgenden Charakteristika: Sie sind experimenteller, sie haben weiter gefasste Innovationsziele, es sind weniger parallel verlaufende Projekte und das Arbeitsverhältnis ist kooperativer geprägt. Sind die Fördersummen relativ niedrig, die Projekte konkreter und konventioneller und das Arbeitsverhältnis ähnlich dem eines gewöhnlichen Dienstleistungsverhältnisses, animiert das Programm zur Differenzierung. Dies kann gleichermaßen positive Effekte auf Wirtschaftswachstum und Beschäftigung haben, mildert jedoch das Potenzial für grundlegende Innovationen.

Einführung wettbewerblicher Elemente für erfolgreiche Kollaborationsprojekte
Die Phase der Entwicklung von Kollaborationsprojekten kann durch eine Ausschreibung begleitet werden bei der mehrere Vermittler (gegen Geld) Innovationsprojekte formieren und anstoßen und in das Bewerbungsverfahren einbringen. Zudem sollte zwischen den Kollaborationsprojekten Wettbewerb angeregt werden, zum Beispiel, indem eine Preisverleihung beziehungsweise eine weitergehende Förderung abhängig vom Innovationsgrad ist.

Nutzung vorhandener Stärken in der Region
Es ist notwendig, klare Ableitungen der vorhandenen Kernkompetenzen zu definieren, die sich vielfach durch die vorhandenen starken Cluster und Netzwerke ergeben.

Die Spielregeln
Klare Kriterien schaffen und Raum für Experimente zulassen In den meisten Innovationsprozessen liegt das größte Risiko für Ertragseinbußen nach Markteinführung eines Produktes in einer zu langen Entwicklungszeit. Daher sollten geförderte Kooperationen in einem angemessenen Zeitraum durchgeführt werden. Die Teilnehmer sollten sich auf klare Meilensteine und Fristen einigen und an diesen festhalten. Die Förderagentur kann dies gezielt über Mittelfreisetzung auf Basis des Erreichens von Meilensteinen steuern. Abhängig vom Umfang der Projekte liegt der Zeitraum für gewöhnlich bei ein bis zwei Jahren. Kleinere Projekte ließen sich auch in einigen Monaten umsetzen (z. B. VINCI), während Startup-orientierte Förderungen (z. B. More.Creative) auch länger als zwei Jahre andauern.

Institutionelle Partner müssen von Anfang an eindeutig aufgestellt und integriert sein

Matchings zwischen Mittelstand und Kreativwirtschaft sind dann erfolgreich, wenn von Beginn an ein enger Schulterschluss zwischen den Projektpartnern, Beratern und institutionellen Vertretern (z. B. Industrie und Handelskammer, Hochschule, Clustermangement etc.) gewährleistet ist.

Wählen Sie einen zugkräftigen Projektnamen aus

Unternehmen zeigten weniger Bereitschaft zur Kollaboration, wenn der Name der Initiative oder der dahinterstehenden Organisation einen Fokus auf kulturelle Aspekte erahnen ließ. Gleichzeitig erzeugte dies Missverständnisse mit einigen Kultureinrichtungen, die das Programm primär als Kulturförderung verstanden. Man sollte daher einen Namen wählen, der die wirtschaftlichen und innovativen Aspekte hervorhebt. Es sollen letztendlich auch die kreativwirtschaftlichen Akteure ihr gewohntes Vorgehen herausfordern.

Intermediäre („Broker") werden gebraucht, um neue Beziehungen vorzubereiten

Matchings sind dann erfolgreich, wenn die Bildung und die Entwicklung von Vertrauen zwischen Kreativwirtschaft und Mittelstand gewährleistet sind und Raum für die Findung des jeweilig „richtigen" Innovationssetups ist. Innovationsprozesse in Unternehmen setzen auf Problemansprachen auf, sie versuchen diese zu beheben und neue Entwicklungen anzustoßen. Damit öffnet sich der Unternehmer eines KMUs für externe Beratung. Da die internen Strukturen nicht (mehr) in der Lage sind, adäquat Innovationen zu produzieren, bedarf es einer katalysierenden Wirkung von außen. Dieser Schritt muss mit Vertrauen sukzessive erarbeitet und oftmals mit externer Hilfe begründet und gerahmt werden.

Effektive Kommunikation und qualifizierte Vermittler

Ein verbreiteter und naheliegender Ansatz unter den Initiatoren ist die Kommunikation des Förderprogrammes über etablierte Netzwerke. Erfahrenen und gut vernetzten Vermittlern kommt oft eine Schlüsselrolle zu. Sie erkennen gute Übereinstimmungen oft deutlich schneller und zuverlässiger als Vertreter der KMU oder Akteure der Kreativwirtschaft selbst. Anerkannte Experten aus einzelnen Industriebereichen können nach außen zudem als „Botschafter" ihrer Initiative wirken. Fachleuten und Kollegen wird in der Regel eher vertraut und sie schaffen den Eindruck, dass die

Agentur nicht „auf eigene Faust" agiert. In Nachfolgeeditionen der Förderprogramme spielte Mundpropaganda auf Basis positiver Erfahrungen (und deren Verbreitung) eine zunehmende Rolle.

Die Chemie muss stimmen
Voraussetzungen für die richtige Auswahl sind neben einem vielversprechenden Konzept vor allem die beteiligten Akteure. Eine gute persönliche Beziehung zwischen den Partnern ist entscheidend für den Projekterfolg. Zudem muss sich das Unternehmensmanagement klar zur Zusammenarbeit und auch zur Herausforderung gewohnter Vorgehensweisen bekennen. Es hat sich im Baskenland als sinnvoller Ansatz erwiesen, im Vorfeld des Programmstarts diverse regionale Industrievertreter zusammenzubringen, um gemeinsame Erwartungen an die positiven Effekte von Kreativität zu formulieren. Dies erzeugt Glauben an die Sinnhaftigkeit der Cross-Sector Innovation und stärkt das Bekenntnis zur Zusammenarbeit.

Der Einfluss von Beratern auf den Erfolg von Förderprojekten variiert stark
In jedem Fall sollte die Möglichkeit zur Nutzung externer Beratungsdienstleistungen bestehen. In welcher Form und zu welchen Themen hängt jedoch vom Kontext ab. Im Zusammenhang mit Startups hat sich ein integrativer Ansatz bewährt, das heißt die Bildung permanent begleitender Beratungsteams. Im Falle von zum Beispiel CKO und Flandern schwankte der Bedarf zwischen den Projekten. Manche hatten Berater unter den Projektteilnehmern, andere kamen gänzlich ohne externe Unterstützung aus. Im Rahmen von VINCI wurde eine zentrale Beratungsstelle eingerichtet, da der individuelle Projektumfang kleiner war. Die in Anspruch genommenen Dienstleistungen umfassten hauptsächlich Bereiche wie Kommunikation, Strategie und Projektmanagement. Ein besonders kritisches Element ist die Rechtsberatung, die vor allem für Akteure der Kreativwirtschaft notwendig ist.

Intermediäre und Broker können neue Schnittstellen zwischen Kreativwirtschaft und Mittelstand identifizieren
Cross-Sector Innovation stellt besondere Herausforderungen an qualifiziertes Projektmanagement. Es treffen zum Teil grundsätzlich verschiedene Denkmuster aufeinander, die unter verhältnismäßig unsicheren Bedingungen teils sehr ambitionierte Innovationsziele erreichen sollen. Dem Projektmanager kommt daher neben den Fachkenntnissen und der

Einstellung der Partner eine zentrale Rolle zu. Es sollte in jedem Fall ein Steuerungsorgan vorhanden sein, das unter anderem sicherstellt, dass die notwendigen Ressourcen für die Zusammenarbeit in den beteiligten Organisationen zur Verfügung stehen und koordiniert werden. Matchings sind dann erfolgreich, wenn das Projektteam die Möglichkeit hat, mit Hilfe von Intermediären (z. B. Clustermanagern) anderer Branchen relevante Themen- und Problemfelder im Mittelstand zu identifizieren.

Innovationskollaborationen brauchen die richtige Bühne und passende Räume
Ein Schlüsselelement der Kontaktherstellung und Vermittlung ist das physische Zusammenbringen der potenziellen Kollaborationspartner. Einführende Kennenlern- und Networkingevents sind daher wirksame Mittel zur Bildung von Projektgruppen. Ein größeres Event und möglicherweise eine Anschlussveranstaltung reichen meist aus und bestehen aus Vorträgen und informellen Sitzungen zum Austausch von Produktportfolios, allgemeinen Unternehmensaktivitäten und persönlichem Kennenlernen. Onlinebasierte Lösungen waren weniger relevant und wurden lediglich zur Dokumentation der Teilnehmer oder als angeschlossenes Kontaktverzeichnis genutzt. Ein Grund hierfür sind Bedenken, konkrete Innovationsbedürfnisse preiszugeben und öffentlich zu diskutieren.

Vorhandene Erfahrung und Kontakte der Kreativakteure zum Mittelstand als Ressource für Matching nutzen
Viele Kreativakteure haben Kundenbeziehungen und zweifelsohne Situationen erlebt, die nicht zu einer Beauftragung führten, da die Unternehmenspartnerschaft mit einem KMU nicht an dem Punkt war, an dem Vertrauen, Kommunikation und Innovationsverständnis in ausreichendem Maße bestanden, um eine Idee umzusetzen. Idee, Notwendigkeit und Konzept haben aber weiterhin Bestand und könnten mit beratender Vermittlung und einem Anlass umgesetzt werden. Die Kreativakteure sind Experten und kennen Barrieren und Erfolgsfaktoren im Kollaborationsprozess mit einem KMU. Hier können Projekte ansetzen und mit Hilfe der Kreativen solche KMU anfragen, mit denen es noch nicht zu einer Kollaboration gekommen ist. Das Projekt kann diesen ansonsten nicht umsetzbaren Kollaborationen mit Hilfe des Matchingprozesses, Beratern und Potenzialanalyse zum Erfolg verhelfen.

7.3 Herstellung von Matchings zwischen der Kreativwirtschaft und dem Mittelstand

Vernetzungsangebote schaffen – Veranstaltungen nutzen, um Mittelstand und Kreative einzuladen
Veranstaltungen und Netzwerktreffen wirken vielfach als Multiplikatoren. Sie können helfen, den B2B-Matching- und Beratungsansatz zu ergänzen. Zudem kann es für die beteiligten Mittelständler ein Anreiz sein, mit Hilfe des Mittelstand-Projektteams ein neues Netzwerk und Unternehmenskontakte zu erschließen. So manch ein Mittelständler würde die Kreativwirtschaft vielleicht gerne einmal näher kennenlernen, ist mit den Branchenformaten und seinen Sprachcodes und Kulturen jedoch noch nicht hinlänglich vertraut.

Ein Projektteam kann hier eine Brücke bauen und als Intermediär und „Übersetzer" zwischen den Branchen das Kennenlernen begleiten, hier konkret über einen gemeinsamen Besuch einer Fachveranstaltung mit einer Gruppe von KMU. Die KMU können sich gegenseitig austauschen und erhalten Zugänge zum kreativen Netzwerk einer Region oder einer Stadt. Wir regen an, Kreativwirtschaftsveranstaltungen (z. B. Kreativgipfel, Netzwerktreffen, Kreativfeste, Festivals etc.) stärker für Matchings und Partneringprozesse proaktiv zu nutzen.

Workshopsituationen kreieren und „Spillover-Effekte" nutzen
Erfolgreiche Innovationsprozesse basieren sehr oft auf Workshopformaten, die erste ideelle Innovationsartefakte hervorgebracht haben. Diese aus den Kontakten mit den Unternehmen entstandenen Anlässe sind wichtige Bausteine für die qualitative Anreicherung des Matchingprozesses. Es empfiehlt sich, in dieser Phase nicht unbedingt auf ein Mehr an Kontaktanbahnungen zu setzen (Stichwort: „Trichter füllen"), sondern vermehrt bereits bestehende Kontakte zu nutzen und in Formate zu bringen, die Anknüpfungspunkte und Spillover-Effekte kreieren können. Es wird empfohlen, ein bis zwei halbtägige Workshops mit zwei bis drei Mittelständler auf der einen und zwei bis drei Kreativen auf der anderen Seite als offenen Explorationsansatz mit ins Kalkül des Matchings einzubeziehen.

Gemeinsame Schritte im Feld mit den Unternehmen festlegen
Erstansprache und erste Schritte im Dialog mit den Mittelständlern können unerwartete, irritierende aber sehr relevante Sichtweisen und neue Perspektiven erzeugen. Mitunter ist ein „Management of the unexpected" zielführender, als ein vorab festgelegtes Innovationsversprechen. Dabei

müssen neue, interaktive oder temporäre Formate, wie zum Beispiel Innovationswerkstätten und Innovationsworkshops, auf die jeweiligen unterschiedlichen Stakeholder abgestimmt werden. Eine reine Vermittlung durch „Berater", die „Kreative" einerseits und „Mittelstand-Vertreter" andererseits zu „verheiraten" beabsichtigt, greift häufig zu kurz. Zu beachten ist dabei auch, dass interdisziplinäre Teams nicht nur fachlich, sondern auch in Hinsicht auf Gender, Alter und Ausbildung bewusst gemischt sein sollten.

Qualität vor Quantität
Im Zuge der konkreten Matchings zeigen Erfahrungswerte, dass eine zeitgleiche Durchführung von Matchings generell vermieden werden sollte, da der Auswahlprozess ansonsten zu zeitaufwendig ist. Dies lässt sich durch mehrstufige Bewerbungsverfahren steuern, zum Beispiel durch kurz gefasste Vorbewerbungen, deren Sichtung und die aktive Unterstützung seitens einer Agentur in der Erstellung detaillierterer Förderanträge. Generell sollte ausreichend Zeit für die Sichtung und Auswahl von Projekten aufgewendet werden, da dies als besonders kritische Komponente erfolgreicher Innovationsprozesse angesehen wird.

„Vertragloses" Matching akzeptieren und informelle Erträge anerkennen
Matching- und Partneringprozesse zwischen Mittelstand und Kreativen brauchen in der Explorationsphase nicht unbedingt eine vertraglich fixierte Grundlage. Informelles Zusammenarbeiten kann insbesondere wertvoll sein, wenn erste Matching- und Partneringprozesse erprobt werden und alle Beteiligten sich darauf verständigen, nach erfolgreichem Probelauf („*Beta-Phase*") eine vertragliche Fixierung einzugehen, oder auch nicht. Mitunter ist die vertragliche Fixierung ein Hindernis, überhaupt in Erfahrung zu bringen, ob das Innovationsversprechen zum erhofften Erfolg führt.

Wer finanziert Innovationskollaborationen? Geteilter Einsatz = geteilter Nutzen
Die am weitesten verbreitete Finanzierungsform sektorenübergreifender Innovation ist das *Co-Financing*. Es garantiert, dass Kosten und Risiken in gleicher oder ähnlicher Höhe von den Partnern getragen werden. Wichtig ist, dass überhaupt ein Teil der Kosten von jedem Partner übernommen wird – die letztendliche Verteilung ist zweitrangig und sollte sich an der jeweiligen Zahlungsfähigkeit des Teilnehmers orientieren (Firmen, kreativer Mittelstand, Forschungsinstitute und öffentliche Einrichtungen etc.).

Kultur des Kooperierens muss eingeübt werden
Wir schlagen vor, zur Zielerreichung innovationsorientierter kritischer Massenbildung zwischen bis dato unbekannten Partnern vorhandene Aktivitäten und Ressourcen in den jeweiligen Städten und Regionen zu nutzen und diese zu bündeln. Es gilt, Leistungen von Kreativwirtschaftsagenturen, ihren Veranstaltungen, laufenden Förderprogrammen etc. als Option für das informelle Kennenlernen der Kreativen mit Mittelstand stärker als bisher zu nutzen. Eine enge Verzahnung bietet aus unserer Sicht die Chance, informelle Anlässe zu nutzen, um die Kreativwirtschaft in einer Region oder einer Stadt (und ihre je spezifischen Leistungen) besser auf einer persönlichen Ebene zu vermitteln. Zu flankierenden Unternehmensbesuchen oder Paneldiskussionen zum Thema „Cross Innovation" könnten insbesondere auch Vertreter anderer Branchen eingeladen werden.

Augen und Ohren während der Erstkontakte offenhalten, Lernprozesse honorieren
Beispiele hierfür sind oftmals in „Tür-und-Angel-Gesprächen" zu finden, wenn zum Beispiel auf kleine, positive Innovationserträge verwiesen wird; zum einen was die Ideen für die thematische Ausrichtung des Matching anbelangt, zum anderen was das Projektdesign, respektive die Projektpraxis des vermittelnden Teams selbst anbelangt.

Es wird angeraten, die sich anbahnenden Kooperationen stärker als bisher unter der Perspektive von kollaborativen Lernprozessen, Vertrauensbildungsprozessen und einer „Kultur des Einübens" sich nicht-vertrauter Akteure in einem „neuen Feld" zu verstehen, als einzig auf die Outputorientierung zu blicken. Dies erscheint angesichts der Beobachtungen und der Erkenntnisse aus anderen *Good-Practice*-Beispielen plausibel. Erste „einfache" Innovationsdienstleistungen dienen dem gegenseitigen Kennenlernen der Unternehmen. Diesen Tatbestand gilt es als wichtigen Nebeneffekt anzuerkennen, da von ihm aus zukünftige Beratungsformate an der Schnittstelle zwischen Mittelstand und Kreativwirtschaft in Flächenländern zu generieren sind.

Innovationsprodukte
von den „Low-hanging Fruits" lernen und dann zu den „High-hanging Fruits" kommen Unternehmenskollaborationen sind ein Prozess. Oftmals sind einfachere Fragestellungen zielführender und ermöglichen den Beginn komplexerer Partnerschaften und Produktentwicklungen. Innovative Fragestellungen liegen nicht offensichtlich auf der Hand, sie müssen

gemeinsam erarbeitet werden und entstehen oftmals durch unvorhersehbare „Kollisionen" verschiedener Partner und Themen. Solche tieferen Einblicke in ein Unternehmen bekommen Berater, *Broker* und Kreative jedoch nur, wenn sie sich aus der Zusammenarbeit kennen und einander vertrauen. Wir empfehlen, zu Beginn eines Matchingprozesses auch „einfachere" Kooperationen als Option mit einem KMU zu erarbeiten, zu nutzen, das heißt sogenannte „Low-hanging Fruits" als wertvoll zu erachten. Jede sich bietende Möglichkeit als Einstiegsoption ist wichtig und eine Basis, um im Prozess und der Interaktion mit einem Mittelstandsunternehmen weitere Beratungsoptionen zu erkennen und somit auch prozessual zu komplexeren Kollaborationen zu gelangen („High-hanging Fruits").

„Innovations-Artefakte" dokumentieren – Storytelling intensivieren
Immer wieder zeigt sich, dass eine vorbereitende, Potenziale ermittelnde Analyse für potenzielle Matchings oft schon den Tatbestand des Matchings – im Sinne des sich Kennenlernens, Austausches und Weiterdenkens – erfüllt. Das generiert innovative Ideen und stößt bei den Unternehmen einen internen Denkprozess an. Wir empfehlen daher, auch die Erträge und Erkenntnisse aus den Potenzialermittlungen zu dokumentieren und schriftlich festzuhalten. Wir beobachten, dass in den Potenzialanalysen immer wieder sogenannte „Innovations-Artefakte" („Innovation Pieces") entstehen. Diese lassen sich unserer Meinung nach als erste Ergebnisse der Matchings hervorheben.

Es gilt, diese positiv zu bewerten und sie proaktiv den KMU als ersten Ertrag einer Potenzialanalyse zu vermitteln. Somit kann weiter Vertrauen im Prozess entfaltet werden. Der Innovationsdruck wird be- oder sogar verstärkt und gibt Anlass, zeitnah einen Folgetermin durchzuführen. Dabei sollten dann Kreative direkt, wenn sie es noch nicht sind, in den Prozess integriert werden.

Fördern Sie gemeinsame Arbeitsprozesse
Dieses Element mag naheliegen, jedoch ist ein wichtiger Bestandteil erfolgreicher Zusammenarbeit, Zeit miteinander zu verbringen, zum Beispiel in Form von kreativen Sitzungen, gemeinsamen Mahlzeiten oder kleinen Exkursionen, die alle in unterschiedlicher Art und Weise zur Vertrauensbildung und Ideenfindung beitragen. Dies verringert das Risiko von Missverständnissen und führt oftmals auch zu besseren Lösungen als eine frühe Verteilung von Arbeitsaufträgen und deren selbstständige Ausführung.

Achten Sie auf Veränderungen in der Projektumwelt
Es empfiehlt sich, jederzeit auch die Projektumwelt im Auge zu haben und einzubeziehen. Einige Kooperationen waren durch die anhaltende Wirtschaftskrise gefährdet, während sich in anderen Fällen vor allem Änderungen in der Politik negativ auf die Förderprogramme auswirkten. Ein Wechsel im Ministerium, einer Kommune oder einem Clustermanagement, dem das Förderprogramm zugeordnet ist, kann zu einer Verschiebung der Prioritäten und Kürzungen des Förderetats führen. Agenturen müssen daher auch ihre Rolle als Meinungsführer und politische Einflussnehmer erkennen und ausüben.

Ein probates Mittel zur Schaffung stichhaltiger Argumente für zukünftige Cross-Sector Innovation ist die sorgfältige Aufarbeitung der Projekte. Einige der untersuchten Programme sind vor allem deshalb wiederholt und ausgebaut worden – ohne dies vorab zu erwarten – weil klare Erfolge unter Konsens aller Beteiligten aufgezeigt werden konnten.

Innovationsprozesse sind immer Lernprozesse
Sich anbahnende Kooperationen sollten stärker als bisher als Lernprozesse, Vertrauensbildungsprozesse und eine „Kultur des Einübens" sich nicht-vertrauter Akteure in einem „neuen Feld" betrachtet werden. Dies erscheint angesichts der Beobachtungen und der Erkenntnisse aus *Good-Practice*-Beispielen plausibel. Erste „einfache" Innovationsdienstleistungen dienen dem gegenseitigen Kennenlernen der Unternehmen.

Diesen Tatbestand gilt es anzuerkennen, da von ihm aus zukünftige Beratungsformate an der Schnittstelle zwischen Mittelstand und Kreativwirtschaft in Flächenländern zu generieren sind. Profitieren könnten durch diese Erträge und Erkenntnisse die Beratungsaktivitäten von Kreativwirtschaftsagenturen, Wettbewerbsausschreibungen und Förderprogramme.

Integrieren Sie messbare Innovationsziele in die Projektbeschreibungen
Definieren Sie kritische Erfolgsfaktoren, deren Resultate auch in unmittelbarem Zusammenhang mit den Projektaktivitäten stehen. Eine Aufteilung in kurz- und langfristige sowie quantitative und qualitative Messkriterien ist empfehlenswert, um sowohl eine Bewertung des *Outputs* als auch der *Outcomes* zu ermöglichen. Dies könnte die Anzahl gefertigter Prototypen sein oder in finanzieller Hinsicht die Umsatzzahlen realisierter Produktinnovationen sowie längerfristige Einsparungen durch Prozessinnovationen.

Dokumentieren sie den Fortgang und die Entwicklung der Kollaborationen

Eine zukünftig bessere Erfolgsmessung der Förderprojekte basiert also einerseits auf der Einigkeit darüber, was gemessen werden soll, und andererseits auf dessen sorgfältiger Dokumentation. Möglichst früh sollten daher relevante Daten erhoben und nützliche Information gesammelt werden, um die unmittelbaren Auswirkungen der Innovationen auf die Organisation oder auch auf Kunden zu bewerten.

Verfolgen Sie erfolgreiche Projekte und verbreiten Sie Best Practices

Es liegt im eigenen Interesse der Initiatoren, gute Beispiele für Förderungs- und Innovationspraktiken zu sammeln, diese gegebenenfalls nachzuverfolgen, zu aktualisieren und (am besten in englischer Sprache) zu verbreiten.

Es wurde zum Beispiel empfohlen, durch regelmäßige Blog-Posts in einschlägigen Netzwerken der Kreativwirtschaft auf die eigenen Erfahrungen aufmerksam zu machen. Die halbstaatliche dänische Agentur CKO erreichte durch intensive Bemühungen zum Aufbau einer Gemeinschaft rund um das Thema Cross-Sector Innovation in Dänemark eine nachhaltige Lösung, so dass bis heute in regelmäßigen Abständen Neuigkeiten zu kultur- und kreativwirtschaftlichen Entwicklungen aus dem Kreis aktiver Mitglieder auf der eigenen Homepage veröffentlicht werden.

Fazit: Zentrale Erkenntnisse 8

1. Cross-Sector Innovationen leisten einen wichtigen Beitrag zur Stärkung der Wettbewerbsfähigkeit des Mittelstands einerseits und andererseits der Kreativwirtschaft. Akteure der Kreativwirtschaft sind dabei Innovationstreiber für Unternehmen anderer Branchen. Die Gründe hierfür sind:
   - Kreativakteure können durch Open-Innovation-Ansätze die Einbindung der Nutzerperspektive in Innovationsprozesse leisten.
   - Kreativakteure schaffen eine wichtige systemische Schnittstelle zwischen neuen Technologien, Konsumenten und Produzenten.
   - Kreativakteure ermöglichen die Erweiterung der Wertschöpfungskette für klassische Unternehmen hin zu innovativen Dienstleistungen.
2. Die Sensibilisierung des Mittelstands für den Mehrwert der kultur- und kreativwirtschaftlichen Leistungen ist eine entscheidende Voraussetzung für die Effektivität von Cross-Sector Innovationen. Es zeigt sich, dass dieses Verständnis für derartige Prozesse vor beziehungsweise parallel zur Einrichtung möglicher Förderprogramme gegeben sein muss. Notwendig hierfür ist der Aufbau von neuen Allianzen mit wichtigen Akteuren auf politischer und wirtschaftlicher Seite. So sind insbesondere Kontakte zu Wirtschaftsverbänden, Clusterakteuren usw. wichtige Organisationen, die unterstützen können. Weiterhin sollte man angesehene Akteure (Geschäftsführer etc.) als „Gesichter" beziehungsweise „Botschafter" gewinnen, um die Wertigkeit der Kultur- und Kreativwirtschaft im Innovationsprozess zu vermitteln.
3. Für gelingende Kooperationen und Kollaborationen auf Augenhöhe sind das Einüben von vertrauensbildenden Maßnahmen und der Aufbau von Vertrauen notwendig. Dies kann durch „einfachere" Kooperationsprojekte und Testläufe aufgebaut und eingeübt werden. Fördermaßnahmen sollten darauf abstellen, diesen Vertrauensaufbauprozess zu unterstützen und zu beschleunigen.

© Springer Fachmedien Wiesbaden 2016
B. Lange et al., *Kollaborationen zwischen Kreativwirtschaft und Mittelstand,* DOI 10.1007/978-3-658-11855-6_8

4. Für eine gelungene Innovationskooperation ist es notwendig, dass auf beiden Seiten des Kooperationsvorhabens spezifische Kompetenzen und Haltungen vorhanden sind:
   - Aus der Sicht der Akteure der Kreativwirtschaft sind dies: Kenntnis des Zielmarktes und Verständnis der Sprache des jeweiligen Unternehmens sowie methodische Fähigkeiten zur Erkennung der Konsumentenbedürfnisse.
   - Aus der Sicht der Akteure des Mittelstands sind dies: Risikobereitschaft, neue Wege zu gehen, sowie die Bereitschaft und Aufgeschlossenheit für einen offenen, nicht vorherbestimmbaren Lösungsweg.

5. Die Einbettung der Unterstützungsstrukturen in das weitere Wirtschaftsförderungs- und Innovationssystem – Stichwort Ecosystem – ist erfolgsentscheidend (Howkins 2008). Die Verknüpfung mit Akteuren aus Hochschulen, Clustern, regionaler Wirtschaftsförderung, lokalen Querdenkern sowie von Vermittlern und Beratern mit Unternehmenskenntnis ist von großer Bedeutung und muss zu Beginn einer Maßnahme gewährleistet sein.

6. Die enge Begleitung der Kooperationsprojekte durch externe Projektmanager ist notwendig. Verschiedene Denkmuster treffen hier aufeinander, die unter relativ unsicheren Bedingungen teils ambitionierte Innovationsziele erreichen sollen. Daher kommt dem Projektmanagement die Aufgabe zu, als Steuerungsorgan dafür zu sorgen, dass notwendige Ressourcen bereitstehen, für Transparenz zwischen den Partnern gesorgt und das Projekt in erreichbare Meilensteine gliedert ist.

Literatur

Bundesministerium für Wirtschaft und Arbeit (BMWA). (2004). *Ich-AG und andere Kleingründungen*. Berlin: Bundesministerium für Wirtschaft und Arbeit.

Bundesministerium für Wirtschaft und Energie (BMWi). (Hrsg.). (2015). Website der Initiative Kultur- und Kreativwirtschaft. www.kultur-kreativ-wirtschaft.de/KuK/Navigation/Finanzierung-Foerderung/mikrokredite.html.

Falk, R., Bakshi, H., Falk, M., et al. (2011). *Innovation and competitiveness of the creative industries*. Wien: Österreichisches Institut für Wirtschaftsforschung.

Hesmondhalgh, D., & Pratt, A. (2005). Cultural industries and cultural policy. *International Journal of Cultural Policy, 11*(1), 1–15.

Hessisches Ministerium für Wirtschaft, Energie, Verkehr und Landesentwicklung. (Hrsg.). (2014). Datenreport Kreativwirtschaft Hessen 2014. Wiesbaden.

Howkins, J. (2008). *Creative ecologies: Where thinking is a proper job*. New Brunswick: Transaction Publishers.

Industrie- und Handelskammer (IHK) Dortmund. (o. J.). *Kreativwirtschafts-Scout: Die Kultur- und Kreativwirtschaft im IHK-Bezirk Dortmund*. Dortmund: Industrie- und Handelskammer.

Kastelle, T., & Steen, J. (2011). Ideas are not innovations. *Prometheus, 29*(2), 199–205.

Lange, B., & Bürkner, H.-J. (2010). Wertschöpfung in der Kreativwirtschaft. Der Fall der elektronischen Klubmusik. *Zeitschrift für Wirtschaftsgeographie, 54*(1), 46–68.

Liu, R. (2013). Cooperation, competition and coopetition in innovation communities. *Prometheus, 31*(2), 91–105.

Ministerium für Wirtschaft, Energie, Industrie, Mittelstand und Handwerk (MEIMH) NRW. (Hrsg.). (2012). *Kreativ-Report NRW. Ökonomische Bedeutung und Potenziale der Kultur- und Kreativwirtschaft in Nordrhein-Westfalen*. Düsseldorf: Ministerium für Wirtschaft, Energie, Industrie, Mittelstand und Handwerk.

Ministerium für Wirtschaft (MfW) Baden-Württemberg. (Hrsg.). (2012). *Datenreport 2012 zur Kultur- und Kreativwirtschaft Baden-Württemberg. Eckdaten, Strukturen und Trends*. Stuttgart: Ministerium für Wirtschaft.

Müller, C. (Hrsg.). (2011). *Urban Gardening. Über die Rückkehr der Gärten in die Stadt*. München: Oekom.

NESTA. (2008). Creating innovation. Do the creative industries support innovation in the wider economy?

Northern Dimension Partnership on Culture. (2013). *Creating for tomorrow. Projects in the northern dimension*. Copenhagen: Nordic Council of Ministers.

OECD. (2008). *The new nature of innovation der Organisation for Economic Cooperation and Development der OECD*. New York: OECD.

Pratt, A. (2005). Cultural industries and public policy. An oxymoron? *International Journal of Cultural Policy, 11*(1), 31–44.

Pratt, A. (2008). Innovation and creativity In T. Hall, P. Hubbard, & J. Short (Hrsg.), *The SAGE companion to the city* (S. 138–153). London: SAGE

Prognos AG. (2014). *Evaluierungsstudie für das RKW*. Thüringen GmbH: Berlin.

Rammer, C., Peters, B., Schmidt, T., Aschhoff, B., Doherr, T., & Niggemann, H. (2005). *Innovationen in Deutschland. Ergebnisse der Innovationserhebung 2003 in der deutschen Wirtschaft, Wirtschaftsanalysen* (Bd. 78). Baden-Baden.

Roland Berger Strategy Consultants. (Hrsg.). (2011). *Trendatlas Endbericht. Freistaat Thüringen*. Erfurt: Ministerium für Wirtschaft, Arbeit und Technologie Thüringen.

Scheer, S., & Turiak, T. (2010). *Innovation Toolbook. Marketing neu denken*. Berlin: Art Directors Club Verlag Gmb.

Senatsverwaltung für Wirtschaft, Technologie und Forschung Berlin. (Hrsg.). (2014). *Dritter Kreativwirtschaftsbericht. Entwicklung und Potenziale.* Berlin: Senatsverwaltung für Wirtschaft, Technologie und Forschung.

Staatsministerium für Wirtschaft und Medien, Energie und Technik des Freistaats Bayern (StMWi). (Hrsg.). (2012). *Kultur-und Kreativwirtschaftsbericht Bayern. Empirische Untersuchung zur Lage der Kultur- und Kreativwirtschaft im Freistaat Bayern.* München: Staatsministerium für Wirtschaft und Medien, Energie und Technik.

Stadt Dortmund. (Hrsg.). (o. J.). Musik- und Kreativwirtschaft in Dortmund. www.kreativwirtschaft-dortmund.de

Sundbo, J. (2009). Innovation in the experience economy: A taxonomy of innovation organisations. *The Service Industries Journal, 29*(4), 431–455.

Terkessidis, M. (2015). *Kollaboration.* Frankfurt a. M.: Suhrkamp-Verlag.

EU Policy Papers

Europäische Kommission. (2009). Design as a driver of user-cantered innovation. Commission Staff Working Document, SEC (2009) 501 final. Brüssel. http://www.eumonitor.nl/9353000/1/j9vvik7m1c3gyxp/vi7jgtbfxvzl. Zugegriffen: 08. Dez. 2015.

Europäische Kommission. (2010a). European competitiveness report 2010: An integrated industrial policy for the globalisation era putting competitiveness and sustainability at front stage. Brüssel.

Europäische Kommission. (2010b). Regional policy for smart growth in Europe 2020. Brüssel.

Europäische Kommission. (2010c). Grünbuch „Unlocking the potential of cultural and creative industries". Brüssel. http://eur-lex.europa.eu/legal-content/EN/TXT/?uri=URISERV:cu0006. Zugegriffen: 08. Dez. 2015.

Europäische Kommission. (2012a). European design innovation blog. http://europeandesigninnovation.eu/.

Europäische Kommission. (2012b). Guide to research and innovation strategies for smart specialisation (RIS 3). Brüssel. http://s3platform.jrc.ec.europa.eu/c/document_library/get_file?uuid=a39fd20b-9fbc-402b-be8c-b51d03450946&groupId=10157.

Europäische Kommission. (2012c). Promoting cultural and creative sectors for growth and jobs in the EU. Brüssel.

Europäische Kommission. (2012d). MITTEILUNG DER KOMMISSION AN DAS EUROPÄISCHE PARLAMENT, DEN RAT, DEN EUROPÄISCHEN WIRTSCHAFTS- UND SOZIALAUSSCHUSS UND DEN AUSSCHUSS

DER REGIONEN Die Kultur- und Kreativwirtschaft als Motor für Wachstum und Beschäftigung in der EU unterstützen /* COM/2012/0537 final */.

Europäische Kommission. (2013b). Implementing an action plan for design-driven innovation. Commission Staff Working Document, SWD (2013) 380 final. Brüssel. https://www.eumonitor.eu/9353000/1/j9vvik7m1c3gyxp/vjdbd5as7qyh.

Europäische Kommission. (2014). Design for innovation. http://ec.europa.eu/enterprise/policies/innovation/policy/design-creativity/index_en.htm#h2-1. Zugegriffen: 08. Dez. 2015.

Europäische Kommission. (2015a). Creative Europe. Supporting Europe's cultural and creative sectors. http://ec.europa.eu/culture/creative-europe/index_en.htm.

Europäische Union. (2009). Creative Growth. http://www.creative-growth.eu/CreativeGrowth/tabid/537/Default.aspx.

Europäische Union. (2012). Joint policy recommendations for cultural and creative industries in Europe. Brüssel. http://www.crea-re.eu/wp-content/uploads/2012/12/PolicyRecommendations2.pdf.

Europäische Union. (2014). OMC-Good practice report on the cultural and creative sectors' export and internationalisation support strategies. Brüssel.

Europäischer Rat. (2010). Conclusions of the Council and of the Representatives of the Governments of the Member States, meeting within the Council, on the Work Plan for Culture 2011-2014. Official Journal of the European Union (2010/C 325/01). http://eur-lex.europa.eu/LexUriServ/LexUriServ.do?uri=OJ:C:2010:325:0001:0009:EN:PDF.

The manufacturer's authorised representative in the EU is Springer
Nature Customer Service Centre GmbH, Europaplatz 3, 69115 Heidelberg,
Germany. If you have any concerns regarding our products, please
contact ProductSafety@springernature.com

Printed and bound by CPI Group (UK) Ltd, Croydon, CR0 4YY
27/04/2026
02097650-0006